インド英語の リスニング 新装版

Indian English Listening Practice

榎木薗 鉄也 著
Tetsuya Enokizono

研究社

ま え が き

　学校教育や各種メディアでアメリカ英語に慣れている私たちは、インド英語を耳にすると、「わかりにくい」とか「変な英語」と思いがちである。インドに留学して、インド英語を30数年間も研究している私でさえ、いまだにインド英語をわかりにくいと思うことがある。そもそも、私がインド英語の研究を始めたのは、大学生のときにウルドゥー語の先生（パキスタン人）の英語がわかりにくかったので、彼の英語を分析して彼のインド式（パキスタン式）英語を理解したかったことがきっかけである。

　インド英語を「わかりにくい」とか「変な英語」とゲテ物扱いできた悠長な時代は終わりつつあると感じる。インドが新興国のひとつとして世界の注目を浴び、高度な専門知識を有した英語に堪能なインド人が国際的に活躍するようになった。また、インドへ進出する日本企業も増加し、日本国内でも多くのインド人が働くようになった現在、国内外でインド人と英語で話す機会が飛躍的に増大している。**好む好まざるにかかわらず、私たちはインド英語と格闘することが多くなっているのである。**

　もうひとつ、私たちが心得ておかねばならないのは、インド人の英語力の高さである。英語を教育言語とする学校を出たインド人の英語力は、私たちが想像する以上に高度である。TOEFL の国別スコアあるいは母語話者別平均スコアを見ても、インド人のスコアはアジアのなかで群を抜いて高い。インドで英語ができる人の人口比は、正確な統計データは入手できないが、インドの言語学者たちは経験的に 5% から 20 数 % 程度と推定している。また、インド以外の南アジアで使用される英語も、インド英語と酷似したものである。インド以外の南アジア諸国の総人口は 16 億人以上にもなるので、南アジアで英語が相当できる人の数は 1 億から 3 億超も存在することになる。くわえて、英語が少しできる程度の人を含めると、南アジアの英語話者数は、世界の英語母語話者数をも上回ると思われる。**民主主義の原理にもとづくなら、インド英語が世界の標準となってもおかしくないのである。**いずれにしても、上記のように膨大な人数によって話されるインド英語は、わからないよりも、わかったほうが得であることは言うまでもない。

私自身、ヒンディー語やウルドゥー語をはじめ、インドのいくつかの言語を話すことができるが、インドの言語をいくら流暢に話せても、インド人にとって私は結局は外国人であるので、多くの場面で英語を使わざるをえない。そのとき、標準的な英語が役立つこともあるが、もっとも有効なのは、やはり、インド英語だと実感する。本書は、インド英語のリスニングだけではなく、インド英語独特の表現を読者に積極的に使ってもらうことも意図している。ためしに、本書に載っているインド英語独特の表現を、ひとつふたつ、インド人相手に使ってみてほしい。あなたとインド人との間の心の距離がぐっと近くなることは間違いない。

　本書は、私自身のインド留学や訪問での体験、ビジネスマンである友人や知人から取材した話、インド映画やインドに関する文献・資料を元に執筆した。本書の対話文では、インド人に交渉で勝ったり、ハッピーエンドに終わったりしているが、インド人との実際のやり取りでは、口八丁のインド人に翻弄されることが多いであろう。本書の対話文は、交渉や議論が苦手な人にとって、インド人との議論の進め方や、交渉の落とし所の参考にもなるよう意図した。

　末筆ながら、本の帯にコメントを寄せてくださった中京大学経営学部の伊藤清道先生、音声録音に協力してくれた友人の Mathew Varghese 氏（青山学院大学講師）、対話の日本語訳の手伝いをしてくれた榎木薗ゼミ出身の和佐野陽子さん（名古屋市立一色中学校教諭）、インドの日本企業の情報を提供してくれた先輩後輩諸氏、名前を使わせてもらった中京大学国際英語学科のインドゼミのみなさんには心からの謝意を表する。最後に、体調を崩し執筆が遅れていた私を辛抱強く励まして、本書を世に出してくれた研究社編集部の宮内繭子さんには、特に深謝したい。

2022 年 12 月

榎木薗鉄也

目　　次

観 光 編 ━━━━━━━━━━━━━━━━━━━ 142

Part 3 インド英語表現集 ━━━━━━━━ 183

音声ダウンロードについて

本書のダウンロード音声には、Part 2 のダイアローグを収録しています。音声は研究社のホームページ（www.kenkyusha.co.jp）から、以下の手順で無料ダウンロードできます（MP3 データ）。

(1) 研究社ホームページのトップページで「音声・各種資料ダウンロード」をクリックして「音声・各種資料ダウンロード」のページに移動してください。

(2) 移動したページの「インド英語のリスニング〈新装版〉」の欄にある「ダウンロード」ボタンをクリックして、以下のユーザー名とパスワードを入力してください。

> **ユーザー名** IndianEnglish
> **パスワード** IndianEnglish2023

(3) ログインボタンを押すと、ファイルのダウンロードが始まります。ダウンロード完了後、解凍してご利用ください。

音声ファイルの内容は、以下のとおりです。

TRACK ▶ 001-067

※本文中 TRACK 1, 2, 3... 10, 11, 12... と記してありますが、ダウンロード音声ファイルは TRACK 001, 002, 003... 010, 011, 012... としてあります。

Part 1

インド英語概説

インド英語：インドの多様性の結晶

　インドの歴史は、世界最古の文明のひとつであるインダス文明までさかのぼ
る。アーリア人の侵入、イスラーム教徒の侵略、イギリス植民地支配など、イ
ンド亜大陸では絶えず外来の異民族による侵入が繰り返されてきた。その一方、
異民族のもたらす文化や宗教は、インド亜大陸在来の文化や宗教と混交し相互
に影響を与え合ってきた。インドの言語・民族・文化・宗教の多様性と重層性
は、いくたびにも及ぶ異民族の侵入と混交の結果の所産である。

　インダス文明を担った民族は、一般的に、アーリア人ではなくドラヴィダ民
族だとされているが、実際、有史以前のインダス文明については不明な点が多
く、インダス文明を担った民族、インダス文明が滅んだ理由なども詳しくわかっ
ていない。しかし、インド在来の文化がアーリア人による外来文化に少なから
ぬ影響を与えたことは明らかである。たとえば、インダス文明の遺跡から出土
した紋章にはヒンドゥー教の三大神のひとつであるシヴァを思わせる図が描か
れている。シヴァは、元来、アーリア人固有の神ではないとされ、アーリア人
が侵入後に、インドで信仰されていた在来の神であるシヴァを自らの信仰に取
り入れたとされる。アーリア人の侵入後、アーリア人のバラモン教が在来の宗
教や文化と接触し現在のヒンドゥー教へと発展していった。サンスクリット語
によるヴェーダや二大叙事詩 (Mahabharata と Ramayana) に代表されるアー
リア文化は、現在のインドの文化の根幹であり枝葉でもあり、インドそのもの
と言っていいほどである。そのアーリア文化も、在来の文化との接触と混交を
繰り返し、現在のインド文化を形成していった。

　アーリア文化が特に強いのは北インドのガンジス川流域を中心とするイン
ド・アーリア語族圏であるが、インド・アーリア語圏でなくドラヴィダ語圏で
ある南インドにも、ヴェーダ、二大叙事詩、サンスクリット語、バラモンを頂
点とするカースト制度などは浸透している。反面、アーリア民族がインド在来
の民族と通婚・混交するにしたがい、アーリア文化にはなかったインド在来の
神々をもバラモン教の三大神の化身として吸収したり、在来の文化を含有して

いったりして、本来のアーリア文化とは異なるインド文化が形成されていったのである。

　また、イスラームがインド亜大陸に与えた影響も計り知れない。言語面においては、ペルシャ語がインドのムスリム王朝の公用語として用いられたため、ペルシャ語からペルシャ語・アラビア語系の語句がインドの言語へ流入し、現代のインド・アーリア諸語形成の端緒となった。イスラーム文化をもっとも顕著に体現している言語は、南アジアのムスリムの共通語・文化語として機能しているウルドゥー語である。習慣面においては女性隔離（parda）や喜捨（bakhshish）、文化面においてはターバンや裁縫された服類（kurta やpajama）、ナーン（naan）やタンドゥーリーチキン（tandoori chicken）に代表されるムガル料理（Mughalai cuisine）、それに北インドの代表的な伝統音楽であるヒンドゥスターニー音楽（Hindustani Music）がその好例である。9.11 事件以来、インドでも例にもれず反イスラーム感情が高まっているが、インドの言語や文化からイスラーム的要素を取り除くと、インドがインドでなくなってしまうほど、インドはイスラームの影響を受けている。

　イギリス植民地時代を通して摂取したイギリス文化も現在のインドを理解するのに無視できない。イギリスは、当時豊かであったインドから富を収奪する目的でインドを植民地化した。事実、イギリスはインドの富を収奪して豊かになっていったが、その一方でインドにさまざまな制度やモノをもたらした。それらは、近代文明の媒体言語である英語、近代的輸送手段である鉄道、少数の支配者で効率よく圧倒的多数の大衆を支配するイギリス式行政システム、植民地インドの富を外敵から守る近代的軍隊、イギリスの手先としてインド人大衆を支配するインド人エリート養成のためのイギリス式教育システム、そして資本主義を根幹とする近代産業社会という概念等である。皮肉なことは、イギリスがインドの富を簒奪し、インドを疲弊させた元凶とも言えるこれらのシステムが、インドがイギリスから独立する原動力となり、独立後はインドを近代国家として運営・成長させる手段となったことである。現在のインドは新興国のひとつとして著しい経済発展を遂げているが、その発展はイギリス植民地支配の残滓とも言えるこれらのシステムなしでは起こりえなかった。

　本書で取り上げているインド英語も、イギリス人植民地支配者が外国（イギリス）からもたらしたものである。本来は外来言語である英語も、インドで用

いられながら、在来の言語と接触・混交し、インドの言語として独自の発展を遂げている。たとえば、一定数の母語話者を擁し、連邦の公用語、高等教育の媒体言語、エリート層の国内共通語など、国内言語として他のインドの在来言語よりも重視され、かつ、国内外のインド系英語話者によって独自の文学（Indian Writing in English）をも発展させている。

　その一方で、国際化の進む今日、英語の国際言語としての役割も再確認され、インド人以外の人にもきちんと通じる英語を使っていこうという意識も高まっている。インド英語は、いわば、インド化（国内言語）と国際化（国際言語）の挟間を行き来しているのである。

　本書では、どちらかというと、国内言語としてインド人によってインド国内で用いられている英語を意識している。いわば、インド人を理解し、インド人とわかり合うための英語である。よって、インド英語独自の語句が混ざったり、ときにはヒンディー語そのものを使ったりしている本書の英語は、アメリカやイギリスの英語母語圏の英語にのみ馴染んでいる読者には、かなり異質であろう。しかし、その異質なところが、まさにインド的なのである。自分に馴染みのない英語を、わかりにくい、変である、汚い、と排除するのは簡単であるが、それでは永遠にインドを理解できないであろう。インドに関する情報は、インドの在来言語での情報よりも、英語での情報のほうが、圧倒的に量が多く、質も高い。かつ、英語での情報のほうが、インド人自身にとっても外国人にとっても、アクセスが容易である。ただし、英語だけでインドが理解できるかというと、実際は心もとない。やはり、インドを深く理解するにはヒンディー語をはじめとするインドの在来言語に通じる必要がある。よって、英語に加えて、1つ以上のインドの在来言語に通じることがインドを理解するうえで必須になる（多忙な現代社会に生きる日本人に、このことが容易でないことも十分理解できるが）。

インドの言語状況

インドの言語は多様である。ヒンディー語やベンガル語などのインド・アーリア語系（母語話者は全人口の 76.86%）を筆頭に、タミル語やテルグ語のようなドラヴィダ語系（20.82%）、ボド語やミゾ語のようなシナチベット語系（1.00%）、カーシ語やサンタル語のようなアウストロアジア語系（1.11%）などの言語があり、1991 年の国勢調査ではインドの総言語数を 1576 としている。言語同様、宗教も多様で、ヒンドゥー教徒 (Hindu) が全人口の 80.5%、イスラーム教徒 (Muslim) が 13.4%、キリスト教徒が 2.3%、シク教徒 (Sikh) が 1.9%、ジャイナ教徒 (Jain) が 0.4%、仏教徒が 0.8%、拝火教徒 (Parsi) が約 10 万人いる。さらに、各宗教のなかでもさまざまな宗派に分かれている。(山下博司・岡光信子, 2007『インドを知る事典』東京堂出版)。

多言語国家であるインドは、主要言語別に 28 の言語州 (linguistic states) に分けられ、その他、7 つの連邦直轄地をもつ。主要言語で区画された州は、それぞれ、その地域の主要言語を州公用語としており、それに加えて、州内の 1 つ以上の有力言語を準公用語としている州もある。ちなみに、州公用語のほとんどは「憲法の第 8 附則で指定された言語」でもある。

「憲法の第 8 附則で指定された言語」とは、インド政府がインド憲法の第 8 附則で指定する 22 の主要言語のことである。2012 年現在、それらはアッサム語（Assamese）、ベンガル語（Bengali）、ボド語（Bodo）、ドーグリー語（Dogri）、グジャラーティー語（Gujarati）、ヒンディー語（Hindi）、カンナダ語（Kannada）、カーシミリー語（Kashmiri）、コーンカニー語（Konkani）、マラヤーラム語（Malayalam）、マニプリ語（Manipuri）、マイティリー語（Maithili）、マラーティー語（Marathi）、ネパール語（Nepali）、オリヤー語（Oriya）、パンジャーブ語（Punjabi）、サンスクリット語（Sanskrit）、サンターリー語（Santhali）、スィンディー語（Sindhi）、タミル語（Tamil）、テルグ語（Telugu）、ウルドゥー語（Urdu）である。

各州ではこれらの言語に対して公務員試験や学校教育の媒体語とするな

どの優遇措置を取っている。これら 22 言語の話者数は、インドの全人口の96.55% を占め、そのほとんどがその言語の故地である州、あるいは連邦直轄地で公用語またはそれに準ずる地位を占めている。ちなみに、英語は「憲法の第 8 附則で指定された言語」には含まれていないが、英語を母語とするコミュニティーであるアングロインディアンは、憲法第 8 附則で英語を指定させるため、政治運動を展開している。概して、憲法で指定されている 22 言語のほとんどは、インド国内の故地に非常に多数の話者を擁し、くわえて、豊かで歴史のある文学をもち、人数的・文化的に優位な言語がほとんどである。一方、サンスクリット語のような歴史的・文学的・文化的には卓越しているが、母語話者がほとんどいない古典語も「憲法の第 8 附則で指定された言語」に含まれている。また、故地をインド以外の外国にもつシンディー語とネパール語が含まれているのに（これら 2 言語はインド国外の故地からの移民によって話される）、インドで歴史的・文学的・文化的に卓越し、かつインドの有力層によって用いられている英語が未指定であったりする。要するに、「憲法の第 8 附則で指定された言語」の選定は高度に政治的であり民族主義的なのである。

インドの言語の序列

　インドには多くの言語があるが、言語ひとつひとつには厳然とした序列がある。

　インドで社会経済的に君臨する言語は、英語である。英語は国内的にはインド連邦の公用語として連邦政府機関や最高裁判所で他の言語に比べると圧倒的優位にある。特に文章語としてはもうひとつの連邦公用語であるヒンディー語を事実上圧倒している。その他、高等教育、マスメディア、ビジネスなどでエリート層の共通語として機能している。また、国際言語として外国との取引、インド文化の発信、海外での就労や留学のための言語などと、インドの国内をつな

ぎ、インドの国内と国外をもつなぐ言語として機能している。

　ヒンディー語は連邦の公用語で、中央政府機関でも広く用いられており、文章語としてよりも特に口語としてエリート層から大衆までの全インド的共通語となっている。ただし、インドでの多言語性は都市部特有のもので、逆に言えば、インドの農村は基本的にモノリンガル的状況である。よって、英語やヒンディー語が共通語として機能しているのは、ほぼ都市部に限定される。ちなみに、ヒンディー語は北インドを中心とした都市部での共通語と言われるが、実際は、南インドでもタミル語圏を除きバンガロールやマイソールなどの都市部では非常によく通じる。

　英語とヒンディー語に続く言語は各州の州公用語である。州公用語は、インドでは地域語（regional language）とも呼ばれ、その言語の故地の主要言語である。英語やヒンディー語との違いは、故地を中心とする一定地域のみで用いられ、使用地域に全国的広がりがないことである。しかし、その言語の故地において、特に英語やヒンディー語を十分知らない大衆は、地方行政、学校教育、職場、買い物、家庭など日常生活のほとんどすべての場面で州公用語を用いる。

　言語の序列の最後尾に来るのは、少数言語となる。少数言語は、小さな言語コミュニティー内のみで用いられ、少数言語話者は多くの場合、地方行政、学校教育、職場などの場面で、自分の母語ではなく自分の住む地域の主要言語（多くの場合州公用語）を用いなければならない。少数言語話者は自分の母語を非常に限定した使用域のみで用いることになる。少数言語話者にとって母語以外の言語の学習負担は大きく、母語を捨てて周囲の主要言語を事実上の母語とする人も出現している。

インドの公用語

　インドの連邦の公用語はヒンディー語である。英語も憲法には明記されてい

ないが、憲法を読むかぎりヒンディー語と同等の、事実上の公用語であることがわかる。ヒンディー語はインド最大の話者数をもち、4億2204万8642人の母語話者（国民の41.03%）によって話されている（2001年国際調査）。伝統的に、ヒンディー語は北インドを中心とした共通語であった。それに対して、インドにおける英語の母語話者数は22万6449人（2001年国勢調査）と非常に少ないが、都市部の教育のある層（つまりインドで社会経済的に有力な人々）によって、高等教育・司法・行政・科学技術・ビジネス・メディアなどのインドの主流分野で用いられている。また英語は、教育のある層の国内共通語として、インド全土をつなぐ文章語（メディアや行政文書）として機能している。

　ヒンディー語も英語も、インドのほとんどの地域の学校で教科として教えられている。また、中央政府機関はインド全土でヒンディー語と英語で運営されていて、公文書もヒンディー語と英語で記録するのが建前であるが、実際は英語の文章が圧倒的に多い。これは英文タイプライターに対してヒンディー語タイプライターが使いにくいために普及していないことが大きな要因であろう。現在、中央政府の役所にもコンピューターが導入されているが、一昔前までは役所は文書作成のために英文タイプライターに依存していた。ホワイトカラーの職を得るのに、英語力と英文タイプの技能は、今も昔も必須である。また、一昔前までは役所周辺には英文タイプライターによる代書屋が営業していたが、最近はあまり見なくなった。

　各州は1つ以上の州公用語を定めている。州公用語は基本的に「憲法の第8附則で指定された言語」から選ぶことになっているが、そもそも各州は主要言語別に分けられているので、その地域（州）の主要言語が州公用語になっている場合がほとんどである。州公用語に加えて、州公用語に準ずる言語（準公用語）を定めている州も多い。英語は多くの州の準公用語、あるいは公用語となっている。

英語教育政策

　インド人に英語の堪能な人が多いのはインドの英語教育が優れているからではない。インドで英語ができる人のほとんどが前期初等教育段階、あるいは就学前教育段階から英語を教育言語とする私立学校へ通っている。彼らはたんに英語漬けの教育の所産にすぎない。

　大学教育は実質的にほとんど英語でおこなわれ、いわゆる一流大学ほどその傾向が強い。よって、インドでは英語力がないと一流大学に入学できず、入学後も授業についていけない。また、英語ができないと収入のよい職業にはつけない。その意味で、地域語（多くの場合州公用語で、多くの州民にとっての母語）を教育言語とする州立学校の出身者は社会経済的に不利になる。また、英語を教育言語とする私立学校では、10学年次あるいは12学年次修了試験の受験指導もおこない、それをセールスポイントにしている学校も多いので、私立学校出身者は一般的に一流大学への進学に有利である。

　英語を教育言語とする私立学校では、授業だけでなく授業外でも英語を使わせ、生徒を徹底的に英語漬けにする。そのような私立学校では英語という教科は英文学の授業であり、実技科目というよりも教養科目である。特に Council for the Indian School Certificate Examinations (CISCE) のカリキュラムにはその傾向が強い。私立学校は教員の待遇もよいので、優秀で英語ができる教員を集めやすく、おのずと生徒の英語力も高くなる。優秀な教員が集まる私立学校ほど教育の質と生徒の英語力が高くなるのは当然である。

　インドの教育予算は中央政府直轄の大学に重点配分されている。初等教育と中等教育の段階で授業料が高い私立学校へ子どもを通わせることのできる中間層以上が、国家予算が重点配分されている国立大学に子どもを入れることができる一方で、中間層以下が通う州立学校出身者の多くは学力が不十分なままドロップアウトすることも多い現状がある。インドの学校教育は、家庭の経済力によって州立（母語／地域語）と私立（英語）に分断され、その分断は世代から世代へと継承されているのである。

インドでは三言語政策（Three-Language Formula）と呼ばれる政策がタミルナードゥ州など一部地域を除いて全国で実施されている。三言語政策では、すべてのインド人が1学年から10学年までの間に母語（多くの場合、地域語）に加えて2つの言語を学ぶことになっている。母語以外の2つの言語とは、非ヒンディー語圏の場合は英語とヒンディー語、ヒンディー語圏では英語と、ヒンディー語以外のインドの言語（近隣の州の言語や古典語のサンスクリット語）となる。地域語は多くのインド人にとって母語なので学校教育で学ぶことはだれにも理解できよう。英語とヒンディー語が必ず3言語に含まれる理由は、その両言語が連邦の公用語だからである。

インド政府の英語に対する立場

インド政府は、公式に、インド英語をインドの言語のひとつと認識し、英語を foreign language と呼んでいない。たとえば、インドの文学アカデミー（Sahitya Akademi）はインド英語文学をインド文学の一分野と認めて奨励・振興している。実際、インドにおいて英語はアングロインディアン（欧米系とインド系の混血の子孫）の母語とされ、2001年国勢調査でも22万6449人の母語話者が報告されている。

経済の自由化とグローバル化の荒波を受ける以前、英語はおもに国内コミュニケーションのために用いられていた。Parasher（1991）は、1980年頃におこなった調査において、インドのホワイトカラーが、職場・教育・科学技術・行政の他、交友関係や買い物などでも母語やヒンディー語よりも英語を好んで使うことを報告している。また、Parasher（1991）は、インドのホワイトカラーが、読書・新聞購読・ニュースの視聴も英語でおこなう場合が多いと報告している。さらに、Parasher（1991）は、英語教育（学習）の目的を、① 科学技術の情報収集、② 国際コミュニケーション、③ 母語が異なる者同士の国内コミュ

ニケーション、④ 高等教育の教育言語、⑤ 国際情勢を知るための手段、とする人が圧倒的に多く、英語学習の目的を英米の文化を理解するためとする人はわずかであると報告している。

　グローバル化の荒波を受けている近年は、インドでもコミュニケーション重視、スキル重視、学習者中心の英語教育がインド政府によって推進されている。しかし、学年が上がるにつれて英文学鑑賞の比重が大きくなり、大学や大学院の英語科では英文学研究ばかりになる。

　2005 年にインドの人材開発省が策定した National Curriculum Framework (NCF) では、「従来の言語学的研究をふまえると、インド人の英語は、発音や語彙において英米の英語とは違いがあるものの、基本的に英米の英語と同等であるとし、インド人の英語学習のモデルはインド人自身の英語であるべきだ」と、インド人の英語がひとつの完成された英語であり、インド人自身の英語がインド人学習者のモデルとなりうると明言している。中央政府の英語研究機関である Central Institute of English and Foreign Languages (現、English and Foreign Language University (EFL University)) も従来から同一の主張をしているが、この考えは英語教科書編集にも反映されており、教科書の内容や題材はインドに関するものが非常に多い（登場人物もほとんどインド人）。National Curriculum Framework (NCF) では、国際化の時代、英語は国際コミュニケーションの手段だと明言して、前期初等教育段階から教科としての英語の導入を推奨している。

インド英語の発音

　インド英語とひとからげによく言うが、インドの言語の多様さを反映して、インド英語にもさまざまな英語がある。特に、インド英語の発音には、インド亜大陸中で共通した特徴もあれば、それぞれの母語の影響を受けた、地域（母

語話者）特有のものもあり、非常に多様である。たとえば、パンジャーブ語では子音結合 (consonant cluster) を避けるための母音の陥入（例 school が [iskuːl] に、station が [isʈeːʃan]、Clinton が [kilinʈan]）が頻繁に起こる。テルグ語の場合は語尾に母音 u を加えて、たとえば car を [kaːru], principal を [principalu] と発音することが多い。これはテルグ語では多くの語が [u] で終わるために起こる。ベンガル語話者の特に耳につく特徴は、[ʃ] と [s] の混用である。これはベンガル語に [s] 音がないために起こる。

インド亜大陸に共通した発音の特徴

　汎インド的な、インド亜大陸に共通した特徴には、たとえば、歯茎破裂音 [t] [d] が反転音 (retroflex) [ʈ] [ɖ] になること、歯摩擦音の [θ] と [ð] がそれぞれ [tʰ]（帯気音）と [d] と歯破裂音化すること、つづり字発音の傾向（たとえば、r を必ず発音し university を [juːniːʋarsiʈiː / ユニヴァルスィティー] と発音する、Wednesday を [ʋeɖnesɖeː / ウェドネスデー] と発音するなど）、一部の二重母音の長母音化（[ei] を [eː], [ou] を [oː]）、音節拍リズムの傾向をもつ（次頁参照）などがあげられる。また、母音もインドの言語にある発音に置き換えられる（たとえば、[ɔ] [ɑ] [æ] [ʌ] [ə] がそれぞれ [aː] [aː] [ɛ] [a] [a] となる）。

　ここで、上記の反転音 (retroflex) [ʈ] [ɖ] について簡単に説明しよう。これらの音は、それぞれ、[t] 音と [d] 音を発音するときに、舌先を反らせて舌先の裏側で口蓋を叩く感じで調音して発する音で、[t] と [d] に比べると、粘っこく、こもって聞こえる。ほとんどの南アジアの言語には反転音があるため、インド英語の反転音は強烈で耳につく（例 ticket [ʈikaʈ], doctor [ɖaːkʈar]）。

　インド英語は標準的な英語のように音が liaison されたり、語末の子音が飲

み込まれたりすることがなく、一音一音きっちりと発音される。このため、インド英語の子音は非英語母語話者にとって聞き取りやすいはずである。

　ちなみに、インド英語がわかりにくい最大の理由はその独特のアクセントだと言われている。標準的な英語が強弱を付けて話されるのに対し（難しく言うと stress-timed rhythm）、インドの言語の多くはのっぺりとしたリズムで話される（難しく言うと syllable-timed rhythm）。インド英語では音の強弱の概念やリズムの概念が乏しいため、標準英語と異なる音節に強勢が置かれることが多い。たとえば、interesting は[inʈarésʈing]に、television は[teleνidʒan]に、conservative は［kaːnsarνéːʈiν］となる。さらに、インド英語では strong form と weak form の区別をせず、weak form も strong form 同様強く発音される。よって、冠詞 a は常に［ɛː］、定冠詞 the は常に［diː］、助動詞 can は常に［kɛːn］と発音される。

　インド人に強弱の乏しいリズムで機関銃のように話されると、標準的な英語にはあるメリハリがなくなり、ふだん、標準的な英語にのみ接している人にはわかりにくい英語となる。インド人には、そもそも英語を学ぶときに、こと発音に関して、母語英語を標準的なモデルとする意識が乏しい。特に教育のあるインド人は、ふだん、インド国内でインド人同士のコミュニケーションでも英語を用いるが、それでインド人同士で通じれば事足りるという意識が強い。インド人は英語学習に関しても、他の言語の学習に関しても、耳がよいので、聞き取りを苦にしていない。しかし、こと自分の発音に関しては、非常に横着で自分の母語の発音体系に従って発音する場合が多い。

　通信技術の発達で、インターネットや衛星放送を通して、現在、インド国内でもアメリカやイギリスの英語に触れる機会は多い。また、インドのテレビやラジオでも、やはりインド的な発音の名残を残すキャスターのほうが多いが、アメリカやイギリスの母語話者に近い英語を話すキャスターもいる。インド式の発音だとインド人以外に通じにくいという意識や、国際的に通じる英語を学ぼうという意欲もあるらしく、街中の "good English" を話すための英語学校も流行っている。外国からの投資も増え、多くの外国人と一緒に働くようになってきている企業は、大学などの研修機関に国際コミュニケーションで通じる英語の研修を依頼することも少なくない。また、欧米企業のコールセンター等では、インド人オペレーターが話すインド英語をアメリカ英語へ「修正」する訓

練（accent neutralisation と言う）がおこなわれており、英語母語圏からはインド英語は独特で修正すべき対象だとされている。英語圏のテレビ番組などで、インド在住のインド人が登場するとき、インド人が話す英語に字幕が付けられている場面をよく目にする。これは英語圏の人にとって、母語の影響が色濃いインド英語の発音がわかりにくいことを示している。しかし、文字化するとわかるのだから、インド英語でわかりにくいのは、語句や文法というよりも、インド英語の発音ということになる。

発音変化の例

▶母音

標準英語	インド英語
[æ]	→ [ɛː]
[ʌ]	→ [a] *
[ɔ]	→ [aː] *
[ɑː]	→ [aː]
[ɔː]	→ [aː] 例 all [aːl]
[ɑː]	→ [aː]
[ai]	→ [aːi]
[au]	→ [aːu / ɔː] 例 groundnut [grɔːnnaʈ] {グローンナット}
[iə]	→ [ija] 例 year [iyar] {イヤル}
[uə]	→ [uː] 例 poor は[puːr]{プール}と発音されることが多い。
[ei]	→ [eː]
[ɛə]	→ [eː / eya] 例 air [eːyar]
[ou]	→ [oː] 例 boat [boːʈ]
[ɔi]	→ [uːaːi] 例 boy [buːaːi] {ブーアーイ}
[aiə]	→ [aːija] 例 umpire [ampaːijar] {アンパーイヤル}
[auə]	→ [aːνa] 例 hour [aνar] {アワル}
[eiə]	→ [eːja] 例 player [pleːyar] {プレーヤル}
[ɔiə]	→ [aːija] 例 employer [emplaːijar] {エンプラーイヤル}

*[a] は日本語の「ア」に近い音。［aː］はその長母音。

▶子音

標準英語	インド英語
[t]	→ [ʈ]（反転音）
[d]	→ [ɖ]（反転音）
[θ]	→ [tʰ]（帯気音）　例 Thank you.　[tʰɛːnkyuː]｛タンキュー｝
[ð]	→ [d]
[w] / [v]	→ [ʋ]
[z]	→ [dʒ]　例 rose [roːdʒ]｛ロージュ｝
[ʒ]	→ [dʒ]　例 television [ʈeleʋidʒan]
[f]	→ [pʰ]（帯気音）*　例 emphasis [empʰasis]｛エンパスィス｝

　　　*インドの在来言語のほとんどには、本来、[f] 音がない。しかし、ペルシャ語や英語からの借用語を表すため、[pʰ] を表す文字に点を付して表記している。発音を気にしない人や教育程度の高くない人には [f] 音を [pʰ] 音（帯気音）で代用する人が多い。

インド英語の文法

　インド英語の文法のおもな特徴は次のとおりである。

（1）冠詞の省略（インドの在来の言語には冠詞がないため）

　　例 He is best student at our school.（標準英語：He is *the* best student at our school.）

　　They have house with three rooms.（標準英語：They have *a* house with three rooms.）

（2）可算名詞と不可算名詞の混同

例 I lost my furnitures.（標準英語：I lost *a piece of* my furniture.）

I made much effort.（標準英語では、a lot of efforts などとして使われる）

（3）他動詞への前置詞の付加（インドの在来言語の影響）

例 He mentioned *about* his dream.

I want to marry *with* her.

She is carrying *out* her bag.

He hasn't returned *back* library books yet.

（4）自動詞の他動詞への転用

例 Let's search it.（標準英語：Let's search *for* it.）

You should refer your dictionary.（標準英語：You should refer *to* your dictionary.）

（5）"..., isn't it?"、"..., correct?"、"..., no?"、"..., hai na?" を文末に付けた付加疑問文

例 You are from China, isn't it?

This radio is made in Japan, no?

You are not married, correct?

This is correct, hai na?

（6）時制・態・相の違い

例 I have read the book yesterday.（標準英語：I read the book yesterday.）

He is knowing Kumar.（標準英語：He knows Kumar.）

I am wanting your camera.（標準英語：I want your camera.）

He said I am studying Sanskrit.（標準英語：He said that he was studying Sanskrit. ）

I had already told you that the meeting will be on Friday.

(標準英語：I already told you that the meeting would be on Friday.)

（7）語順の違い：疑問文で be 動詞や do, 助動詞の倒置がおこなわれないことがある。

例 What Prakash is doing?（標準英語：What is Prakash doing?）

I don't know what is he thinking about.（標準英語：I don't know what he is thinking about.）

Verma ji is working well?（標準英語：Is Verma ji working well?）

（8）「〜がある」と存在を表す構文が、"... is there." あるいは "... are there." のようになる。

例 A young boy was there.（標準英語：There was a young boy.）

Three autos are there. Let's hire one of them.

（標準英語：There are three autos. Let's hire one of them.）

（9）３人称単数現在の無視

例 He don't do that.（標準英語：He *doesn't* do that.）

She always complain.（標準英語：She always complain*s*.）

（10）繰返しによる強調

例 Good good movie.

Very good, very good, very good, very good.

That is a big big cat.

（11）シンプルでぶっきらぼうな表現を多用

例 Come, come, come, come.

Take. Eat.

Give me tip.

（12）動名詞を不定詞にする

例 I am looking forward to see you. (標準英語：I am looking forward to *seeing* you.)

I am not used to do it. (標準英語：I am not used to *doing* it.)

I enjoyed to play the sitar. (標準英語：I enjoyed *playing* the sitar.)

（13）do ...ing の多用

例 He can do calculating. (標準英語：He can calculate.)

He can do reciting poems. (標準英語：He can recite poems.)

（14）yes と no は日本語の「はい」「いいえ」と同じ

インド英語の yes と no の用法は、標準英語のそれとは異なり、むしろ日本語の「はい」「いいえ」と同じ用法になることが多い。これは、ほとんどのインドの言語では、yes と no に相当する語句が、日本語の「はい」「いいえ」と同様、前の発言への同意と不同意を表すために起こる。つまり、これは母語の干渉である。よって、次のような例に遭遇することがある。

例 "You are not busy." "No, I am busy." (標準英語："You are not busy." "Yes, I am busy.")

また、yes と no を言うときの首の振り方も私たちを困惑させることがある。特に、yes のとき、インド人は首を横に傾ける。その傾け方は、あたかも首を横に振る動作のようである。インド人とのコミュニケーションに慣れている人にも、重要事項をインド人と話すときは、yes や no の返事の後に、complete sentence で内容を確認することをすすめたい。

例 日本人："You are not coming to the party." (あなたはパーティーに来ない)

インド人："Yes, yes..." (そう、そう……（首を傾けながら））

日本人："So, you are NOT coming, correct?"

（で、あなたは来ないのですね）

インド人："Correct."（そのとおり（行きません））

インド英語の文体

　インド人は英語で手紙や行政文書を書くときに、古くさい文語調の硬い文体や語句を用いることが多い。これはインドでは旧イギリス植民地時代から行政や裁判の用語が英語だったことと、伝統的に英語教育で英文学の古典を多く用いてきたことによる。インドの英字新聞はインド式の文語調文体の拡大再生産をしている巨大メディアである。

例 It is essential to avoid any repetition of delay in the future in order to provide better service for our customers so as to build up a good image of our bank and attract more customers to our bank.（当銀行のよいイメージを構築し、より多くのお客様を獲得できるよう、お客様によりよいサービスを提供するために、これからはそのような遅滞を繰り返さないことが非常に重要です）

Do the needful to the bearer of this letter.（この手紙を持ってきた方に必要な便宜を図ってくだされ）

My Dear Professor Kawahara sahib,* I respectfully submit the following report for your kind consideration.（親愛なる河原教授先生様、恐れ入り奉りますが、このレポートを御受領いただき、深くご考慮いただくことを深く御願い奉ります）

　　*sahib はウルドゥー語の敬称。

語彙・借用語の特徴

　インドを深く理解したい人にとってインド英語の語句の知識は必須である。インドとの間合いによって量も質も違ってくるであろうが、現在、一般の英語使用者にとってもインド英語の語句の知識はある程度必要であろう。OED のSupplement や Webster などの英米の辞書にもインド英語の語句が多数収録されているが、このことはインド英語の語句の重要性を証左していると言えよう。

　多くのインド人にとって、英語は国際言語である前にインド国内で使用する国内言語である。よって、インド独特の事象を表現するためにインド在来の言語から語句を借用したり、従来の語句を標準英語とは違った意味や用法で用いたりするのである。

Part 2

インド英語のリスニング

インドへ
出発・到着

インド赴任が決まった若きビジネスマン、
児玉有（コダマ・アリ）。
期待と不安を胸にインドへ旅立ちます。

機内で
On the Plane

Track
01

Scene 1

On the plane. Ari Kodama listens to in-flight announcements in English, Hindi and Japanese. Ari speaks to an Indian gentleman in the next seat.

機内で、児玉有（コダマ・アリ）は英語、ヒンディー語、日本語での機内アナウンスを聞いています。アリは隣席のインド人紳士に話しかけます。

[Namaskar. ① Ladies and gentlemen, welcome aboard Flight AI314 from Osaka to Delhi. [......] Thank you for choosing Air India. Enjoy your flight.]

Ari : Oh, in-flight announcements were made in three languages.

Indian Gentleman : Yes, the first one was in English as you know. The second one was in Hindi, our federal official language. ② The third one was your language.

Ari : Do you always use English and Hindi for all in-flight announcements?

Indian Gentleman : Basically, yes. But for domestic flights we also use a regional language ③ of the destination or the place where we depart from.

Ari : What do you mean by a "regional language"?

Indian Gentleman : In most cases, a regional language is an official language of the State where we live. India organizes every state based on a major language spoken there.

Ari : I see. Then you can hear different languages in planes going to different places.

Indian Gentleman : Yes. India is a multilingual country. So, in India we are supposed to learn at least three languages at schools. We have a national policy called "Three-Language Formula," ④ which provides that all children have to learn at least three languages at schools. Languages children learn are generally their mother tongue, English and Hindi.

Ari : Wow, amazing. That's why you are very good at English.

 otes ────────────────────────────────

① namaskar「こんにちは」

合掌しながら言う。別れの挨拶にも用いる。

② federal official language「連邦の公用語」

インド連邦の運営業務で用いる公用語。ヒンディー語が連邦の公用語だと憲法に明記されている。憲法では英語を条件付きで公用語だと言っていたが、その後その条件を撤廃している。英語は、事実上、連邦の公用語としてヒンディー語以上の存在感と重要性をもって用いられている。

③ regional language「地域語」

インドの言語州 (language states) 分割の基準となり、各州の公用語となっているその地域 (州) の主要言語。パキスタンでは provincial language と言うが、パキスタンの provincial language はインドの regional language ほど重要性も存在感もない。

④ Three-Language Formula「三言語政策」

p.28 のコラムを参照。

訳 》

【こんにちは。紳士淑女のみなさま、大阪発デリー行き AI314 便でございます。インド航空をご利用いただきありがとうございます。空の旅をお楽しみください】

アリ：わぁ、機内放送が３つの言語で流れましたね。

インド人男性：ええ、最初のはおわかりのように英語。２つ目がヒンディー語で、われわれの連邦公用語です。最後はあなた方の言葉ですね。

アリ：機内放送では、いつも英語とヒンディー語を使うのですか。

インド人男性：基本的には、そうです。でも、国内線では目的地と出発地の地域語も使います。

アリ：「地域語」って、どういうことですか。

インド人男性：だいたい、地域の言語とは住んでいる州の公用語のことです。インドでは、主要言語にもとづいて州を編成しているんです。

アリ：なるほど。それでは、目的地の違う飛行機では、違った言葉が聞けるんですね。

インド人男性：そのとおり。インドは多言語国家なんです。ですから、インドでは、学校で少なくとも３つの言語を学ぶことになっています。「三言語定則」という国の政策があり、すべての子どもは学校で最低でも３つの言語を学ぶことを規定しています。子どもたちが学ぶ言語は、一般的に、母語、英語、そしてヒンディー語です。

アリ：うわー、すごいですね。だからあなたも英語がとてもお上手なんですね。

Scene 2

Track 02

A flight attendant comes to serve meals.

客室乗務員が食事を運びにきました。

Flight Attendant : Excuse me, sir. Veg ① or nonveg? ②

Ari : Please say that again.

Flight Attendant : Veg or nonveg?

Ari : Ah, what does "nonveg" mean?

Flight Attendant : It means meat dishes, sir. Nonvegetarian dishes.

Ari : I see. Which meat is used for the nonveg dish?

Flight Attendant : We have chicken today.

Ari : Then, I'll have the nonveg. I like chicken.

Flight Attendant : How about you, sir?

Indian Gentleman : Veg, please.

Ari starts eating chicken curry.

Ari : Oh, it smells good. I'm starved. But your vegetarian dish looks better!

Indian Gentleman : Of course. Just think. There are more kinds of vegetable. There are a fewer kind of meat. Naturally, there are more varieties of cooking vegetables.

Ari : [*Eating chicken curry*] Mmm! But my chicken curry is also very tasty! ③ I made a good choice.

Indian Gentleman : <u>Hot and spicy</u>, ④ isn't it?

Ari : Yes, exactly. By the way, what is this red stuff?

Indian Gentleman : That is <u>achar</u>. ⑤ Indian pickles. Try it. It is <u>very very tasty</u>. ⑥

Ari : Yes... Wow. Too sour!

Indian Gentleman : We like it because it's sour. As you understand India more, you will like achar too. To me, umeboshi and wasabi in Japan are more cruel.

Ⓝotes

① veg = vegetarian dish「野菜料理」

vegetarian には卵を食べる人（eggetarian）もいる。

② nonveg = nonvegetarian dish「肉料理」

魚料理を含む。インド人の食事は菜食が中心だが、それは菜食者が多いからというよりも、肉料理が高価であるという理由による。大学の学食では菜食が基本で、肉料理には少なからざる追加料金を払う。

③ tasty

インド人が「おいしい」の意味で多用する語。

④ hot and spicy「スパイスが効いておいしい」

インド英語でよく使われる表現。

⑤ achar［アチャール］ ヒンディー語 「インド式ピクルス」

油っこく、恐ろしくすっぱい。

⑥ very very tasty

インド英語では意味を強調するときに語を重ねることが多い。

訳 ≫

フライトアテンダント：失礼いたします、お客様。ベジかノンベジ、どちらになさいますか。

アリ：もう一度、言ってください。

フライトアテンダント：ベジでしょうか、ノンベジでしょうか。

アリ：あの、「ノンベジ」ってどういう意味ですか。

フライトアテンダント：お肉料理のことでございます。ノンベジタリアン料理です。

アリ：なるほど。肉料理には何のお肉を使っていますか。

フライトアテンダント：本日はチキンでございます。

アリ：では、ノンベジをいただきます。チキンが好きなので。

フライトアテンダント：お客様はどうなさいますか。

インド人男性：ベジをお願いします。

アリがチキンカレーを食べ始めます。

アリ：ああ、いいにおいだ。腹ペコです。でも、ベジタリアン料理のほうがおいしそうですね！

インド人男性：もちろんです。考えてみてください。野菜のほうが種類が多いでしょう。肉のほうが種類は少ない。当然、野菜の料理のほうがバラエティーに富むんですよ。

アリ：うーん！ でも、わたしのチキンカレーもとてもおいしいですよ。選んでよかったです。

インド人男性：スパイスが効いていておいしいでしょ？

アリ：はい、まさに。ところで、この赤いものは何でしょうか。

インド人男性：それはアチャールです。インド式のピクルスです。食べてみてください。とーってもおいしいですよ。

アリ：どれどれ……うわー、すごくすっぱい！

インド人男性：インド人は、すっぱいからアチャールが好きなんですよ。インドのことをもっと知れば、アチャールのことも好きになるはずです。私にとっては、日本の梅干やわさびのほうが大変です。

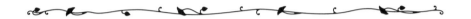

インドは多言語の国

インドでは非常に多くの言語が話されている。インドの州は「言語州（linguistic state）」と言われ、言語で分けられている。インド憲法では 22 の言語を指定して、振興・保護しており、州の公用語は基本的にその 22 言語から選ばれている。インド連邦の公用語はヒンディー語で、英語はそれに準ずる扱いだが、事実上の公用語である。インド政府は国民の言語学習負担を平等にするために、"Three-Language Formula" と呼ばれる政策を実施している。具体的には、初等教育（第 1 学年から第 9 学年まで）において、子どもは、母語（多くの場合、地域語）、英語、ヒンディー語の 3 言語を学ぶことになる。

　教育あるインド人同士では、お互いにヒンディー語を知っていても、英語で話すことが多く、中間層以上の家庭では、英語を教育言語とする学校に子どもを通わせることが一般的である。そこに通う子どもは母語よりも英語が得意になってしまうこともある。

Veg or nonveg?

インド行きの飛行機でよく聞く表現が "Veg or nonveg?" である。インド人の 80% 以上がヒンドゥー教徒で、ヒンドゥー教徒の大多数は菜食者だ。そのため、インドの食事は菜食が基本である。肉料理（nonvegetarian 略して nonveg）は、菜食料理に比べると高価である。大学の学食でも菜食が基本で、肉料理は追加注文する。achar はインド式の漬物で、油がたっぷりで強烈にすっぱいので、日本人はなかなか慣れないが、カレーとはよく合う。ちなみに、achar の名称は日本語にも「阿茶羅漬」として入っている。

　シンガポール航空では Vegetarian Indian Meal というものがあり、チケットの購入時に食事の予約ができる。シンガポール航空では他に Hindu Meals（ビーフやポーク以外の肉が出るインド料理）も選べる。

2 空港に到着、入国審査

At the Airport

Scene 1

Ari arrives at the aiport in Delhi.

アリはデリーの空港に到着しました。

Ari : Wow! This airport is very modern and large. My colleagues told me that Indian airports are small and old.

Indian Gentleman : Yes, they were. But we partly privatized international airports in 2006. Since then facilities and services have changed very much.

Ari : This terminal building is very new and clean.

Indian Gentleman : Of course, this was built just recently, in July, 2010. On the Departure Floor, there are various first-class duty-free shops and restaurants.

Ari : I want to go there and buy something.

Indian Gentleman : You cannot go now. When you leave India, you can go.

訳 》

アリ：わー！　この空港はとても近代的で広いですね。私の同僚は、インドの空港は小さくてオンボロだと言っていたのに。

インド人紳士：ええ、昔はそうでした。しかし、2006年に国際空港を一部民営化したのです。それ以来、施設やサービスが大いに改善しました。

アリ：このターミナルビルはとても新しくてきれいですね。

インド人紳士：当然です。このターミナルビルはつい最近の2010年7月に建てられ

たばかりですから。出発フロアには一流の免税店やレストランもたくさんあります
よ。

アリ：私もそこに行って、何か買いたいな。

インド人紳士：入国時のいまはだめです。インドを出国するときに行けますよ。

Scene 2

At the immigration office.

入国管理局で

Immigration Officer : Can I see your passport?

Ari : Sure. Here it is.

Immigration Officer : May I have your good name? ①

Ari : My name is Ari Kodama. Is my name good?

Immigration Officer : ??? [*not understanding Ari's reply*] You are not
   a tourist?

Ari : Yes, ② I am not a tourist. I am a business person.

Immigration Officer : Can I see a letter or a document that shows you
   are an employee of an Indian branch of your company?

Ari : Yes, this is a letter from the director of the Delhi Branch.

Immigration Officer : Accha..., ③ OK, no problem. You can go.

Ari :Dhanyawad, ④ sir ji . ⑤

Immigration Officer :Accha! Do you know Hindi?

Ari : Kuch kuch. ⑥ A little. Jai Hind! ⑦

Immigration Officer : Accha, accha! Aap ka swagat! ⑧ Welcome to
   India. Enjoy working and staying in India.

otes

① good name「ご尊名」

name の丁寧語。

② yes

標準的な英語では No だが、インドでは Yes で通じる。

③ accha [アッチャー]

英語の good あるいは well に相当。北インドでは多用される。

④ dhanyawad [ダンニャワード] ヒンディー語「ありがとう」

⑤ sir ji [サル ジー]「旦那」

英語の sir にヒンディー語の ji「〜さん」を付けた表現。お役人や上司に用いることが多いが、多用すると自己卑下していると受け取られる。

⑥ kuch [クッチュ] ヒンディー語「いくぶん」「いくつかの」

kuch kuch「ある程度」

⑦ Jai Hind [ジャェ ヒンド] ヒンディー語「インド万歳」

⑧ aap ka swagat [アープ カ スワーガト] ヒンディー語「ようこそ」

訳》

入国審査官：パスポートを見せてください。

アリ：はい、どうぞ。

入国審査官：お名前をお願いします。

アリ：私の名前はアリ・コダマです。私の名前は good ですか？

入国審査官：??? ［アリの返事を理解していない］あなたは観光客ではないですね？

アリ：そうです。私は観光客ではありません。私はビジネスマンです。

入国審査官：あなたが、勤め先の会社のインド支社の社員であると証明できるレターか書類を見せてください。

アリ：はい、これがデリー支社取締役からのレターです。

入国審査官：そうですか。OK、大丈夫。もう行って結構です。

アリ：ダンニャワード（ありがとう）、お役人の旦那。

入国審査官：あれまあ、あなたはヒンディー語を知っているのですか？

アリ：少しだけですが。インド万歳！

入国審査官：すごい、すごい！ ようこそ！ ようこそインドへ。インドでの仕事や生活を楽しんでください。

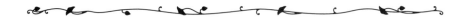

英語にヒンディー語を混ぜてもかまわない

　二言語以上を混ぜて話すことを社会言語学では code-switching と言うが、インドの言語では code-switching がやり放題である。インド人と英語を話すとき、インドの言語を混ぜても、まったく問題ない。特に、ヒンディー語の単語は、インド中で英語に混ぜられる傾向にある。日本人が使うと、喜ばれることもあるので、ヒンディー語をどんどん使うと、インド英語とヒンディー語の両方の練習になる。p.30 の対話の "good name"（name の丁寧語）、日本語的な yes と no の使い方、accha（英語の well や good に相当）は非常によく耳にする表現である。

空港に行くときの注意

　デリーの空港には国際線のターミナルと国内線のターミナルがあり、かなり離れているので、タクシーで空港に行く場合は Domestic か International かをはっきりと伝える必要がある。また、デリーもムンバイも、交通渋滞がひどいので、時間的余裕をもって空港へ向かうのがよい。また、特にインド系の航空会社では確たる理由もなく（それなりの理由があろうがきちんと対応する場合が少ない）出発時間が遅れることもある。筆者自身、いままで何回も、数時間、ひどいときには十数時間も空港で待たされたことがある。特に国内線は、乗り遅れた客や出発の遅れへの対応がよくない。そういう事態にも対応できるよう、平素から、忍耐力、強い意志、語学力を磨いておきたい。

3 市の中心部へ
To the City Centre

Track
05

Scene 1

At the airport Ari asks a clerk at the information desk about transportation to the city centre of New Delhi.

空港にて。アリは案内デスクの係員にニューデリー中心部への交通手段についてたずねます。

Ari : Excuse me, could you tell me the best way to get to the city centre? I'm totally new to India as well as New Delhi?

Clerk : Where are you going?

Ari : To a hotel near Connaught Place. ① Its name is Connaught Palace.

Clerk : Oh, Connaught Palace is very big and famous. And it is just beside one of the gates of Delhi Metro. ② Your luggage ③ is not so big. So I recommend you to use Airport Metro.

Ari : How long does it take and is it easy to get there?

Clerk : It takes about 40 minutes or so to go there. You'll have to change trains once on the way.

Ari : I'm worried about changing trains because I've never used it here. Is it easy to get an auto rickshaw ④ here at the airport?

Clerk : No, they will swindle you. What is worse, now it is late at night. It is better not to hire an auto. ⑤

Ari : Then, what do you recommend?

Clerk : You should hire a prepaid taxi. ⑥ Don't use any taxi waiting for free passengers. They tend to swindle you or they will bring you to hotels where they can get commission if they bring guests. If you do not mind paying some extra money, it is better and safer to hire a prepaid cab of famous companies. Safety is most important at night in India.

Ari : I see. I want to go to the hotel as soon as possible because I'm very much tired now. And my company will reimburse the money I spend for taxis. So I don't mind some extra money. About how much will it be generally if I hire a prepaid cab?

Clerk : About 400 rupees. [*Pointing ahead*] Those are the counters of prepaid cab companies.

Ari : Thank you.

Clerk : You are welcome. Enjoy India!

Ⓝotes

① Connaught Place「コンノートプレース」
  デリー中心部にあるビジネス商業地域。

② Delhi Metro「デリーメトロ」
  デリーとデリー近郊を結ぶ都市型地下鉄 (網)。

③ luggage「荷物」
  インドではイギリス式英語を使う。

④ auto rickshaw [オート リクショー]「オートリキシャ」
  自動三輪タクシー。

⑤ auto = auto rickshaw.

⑥ prepaid taxi「プリペイドタクシー」
  目的地やホテルまでの料金が定額のタクシー。空港や駅を出たところにブースがある。料金は前払い方式で、メーターで行くよりも割高になるが、わざと遠回りをされたり、目的地と違うところへ連れて行かれたりするようなトラブルはかなりの確率で回避できる。p.40 のコラムを参照。

訳 》

アリ：すみません、街の中心部にはどうやって行くのがいちばんよいのでしょうか？
私はニューデリーもインドも、まったくはじめてなのです。

係員：どこへ行くのですか？

アリ：コンノートプレースの近くのホテルです。ホテルの名前はコンノートパレスです。

係員：ああ、コンノートパレスはとても大きくて有名ですよ。それにデリーメトロの
入口のすぐ横にあります。荷物はそんなにないようですから、エアポートメトロを
おすすめします。

アリ：時間はどのくらいかかりますか？　行くのは簡単でしょうか？

係員：40分くらいで行けますよ。一度だけ乗り換えをしなければいけませんが。

アリ：ここの地下鉄を一度も使ったことがないので、乗り換えが心配です。この空港
でオートリキシャをつかまえるのは簡単ですか？

係員：やめたほうがいいですよ、オートリキシャはだましますので。悪いことに、今
夜はもう遅いです。オートリキシャには乗らないほうがいいでしょう。

アリ：では、どうすればいいでしょうか？

係員：プリペイドタクシーを使うのがよいです。客待ちをしているタクシーはやめた
ほうがいいです。そういうタクシーは、だましたり、客を連れて行くと客引き代を
もらえるホテルへ連れて行ったりするので。もし、少し多めにお金を払ってもいい
なら、有名な会社のプリペイドタクシーを使うのが安全だし、いいです。インドの
夜は安全がいちばん大切です。

アリ：なるほど。いまとても疲れているので、できるだけ早くホテルに行きたいので
す。それに、タクシー代は会社が払ってくれるので、少しばかり多くお金がかかっ
てもかまいません。プリペイドタクシーを使ったら、普通、どれくらいになります
か？

係員：400ルピーくらいです。［前方を指差して］あそこがプリペイドタクシー会社
のカウンターですよ。

アリ：ありがとう。

係員：どういたしまして。インドを楽しんでください！

Scene 2

At the prepaid cab counter.

プリペイドタクシーのカウンターで

Ari : Excuse me, but I want to go to Connaught Palace Hotel. I would like to hire a cab.

Clerk : Thank you for coming to Firstclass Cab, sir. How many passengers?

Ari : One. Only myself.

Clerk : Do you want an AC ① cab or a non-AC one?

Ari : What do you mean by "AC"?

Clerk : It means "air-conditioned." India is very hot.

Ari : What is the difference in price between them?

Clerk : An AC cab is 100 rupees more expensive.

Ari : I'll hire a non-AC one.

Clerk : But you will feel hot inside the car.

Ari : I don't mind it.

Clerk : You will definitely mind it. It is more than 40 degrees centigrade outside the airport building. In addition, it is humid today.

Ari : Accha, then I'll hire an AC cab. How much is it?

Clerk : 500 rupees.

Ari : Any discount?

Clerk : There is no discount. Rates are decided by computers according to where you go from the airport. We request our customers to pay by the distance. We neither overcharge nor discount the fare.

Ari : I see. I will believe you. [*Giving money*] Here it is.

Clerk : Thank you. You give this coupon to the driver of the red car with the number 3C and our company name on it. You can find it just outside the exit.

otes

① AC「エアコン」

　発音は［エースィー］。

訳

アリ：すみません、コンノートパレスホテルに行きたいのですが。タクシーをお願い
　します。

係員：ファーストクラスキャブをご利用くださり、ありがとうございます。何名様で
　すか？

アリ：ひとりです。私だけです。

係員：AC 付きタクシーか、AC なしタクシーか、どちらがよいですか？

アリ：「AC」とはどういう意味ですか？

係員：「エアコン付き」という意味です。インドはとても暑いので。

アリ：値段の違いはどれくらいですか？

係員：AC 付きタクシーは 100 ルピー高くなります。

アリ：では、エアコンなしのタクシーにします。

係員：でも、車内は暑いですよ。

アリ：大丈夫です。

係員：全然大丈夫じゃないと思いますが。空港のビルを出ると、外は 40 度以上ですよ。
　それに、今日は蒸し暑いです。

アリ：そうか。では、エアコン付きのタクシーにします。おいくらですか？

係員：500 ルピーです。

アリ：割引はありませんか？

係員：割引はありません。料金は、空港からの目的地によって、コンピューターが計
　算しますので。お客様には距離に応じた支払いをお願いしています。払い過ぎもな
　ければ値引きもありません。

アリ：なるほどね。あなたを信じましょう。［お金を渡して］どうぞ。

係員：ありがとうございます。このクーポンを、3C のナンバーと私たちの会社名が
　書かれた赤い車の運転手にお渡しください。出口を出てすぐのところです。

Scene 3

Ari finds a red cab with the number 3C and speaks to the driver.

アリは 3C のナンバーの赤いタクシーを見つけ、運転手に話しかけます。

Ari : Are you a driver of Firstclass Cab?

Driver : Yes, sir. Give me the coupon.

Ari : Wait. <u>Ek minute.</u> ① I'll give it to you when I safely get to the hotel. I'm going to Connaught Palace. Do you know where it is?

Driver : Yes, of course, sir. Can I take a look at the coupon? The name of the hotel is there, no?

Ari : [*Ari does not give the coupon but just shows it.*] Here it is. <u>Theek hai,</u> ② <u>na?</u> ③

Driver : Accha! <u>Aap ko hindi aatii hai?</u> ④ You speak Hindi, sir?

Ari : <u>Haan,</u> ⑤ <u>kuch kuch.</u> ⑥

Driver : <u>Naheen,</u> ⑦ <u>bahut!</u> ⑧ Where is your native place, sir? This is your first visit to India?

Ari : I'm from Japan. Yes, this is my first visit to India.

Driver : Where did you learn Hindi, sir? You are the first Hindi-speaking Japanese I have met.

Ari : I learned Hindi in Japan. I took a course in Hindi at college.

Driver : <u>Wah, wah!</u> ⑨ I want to learn Japanese. I want to work for a Japanese company.

Ari : That's a good idea. I heard <u>JNU</u> ⑩ opens a one-year Japanese certificate course.

Driver : Accha, I will <u>enquire</u> ⑪ about it tomorrow. Anyway, we are coming close to your destination, Connaught Palace. I heard it is a very good hotel. Sir, that building like a palace is Connaught Palace. Here we are.

Ari : Accha, thank you. This is the coupon.

Notes

① ek minute [エーク ミナット] 「少し待ってください」
　ek はヒンディー語で「1」の意味。
② theek hai [ティーク ハェ] ヒンディー語 「いいです」
③ na? [ナ] ヒンディー語 「〜ですね？」
　ヒンディー語で「〜ない」の意味だが、文末に来ると付加疑問のような機能をもつ。
④ aap ko hindi aatii hai? [アープ コ ヒンディー アーティー ハェ]
　ヒンディー語 「あなたはヒンディー語を話すのですか？」
⑤ haan [ハーン] ヒンディー語 「そうです」「はい」
　用法は、英語の yes よりも日本語の「はい」に近い。
⑥ kuch kuch [クチュ クチュ] ヒンディー語
　kuch はヒンディー語で「いくぶん」(some) の意味。kuch kuch と重ねて使うと
　意味が強まる。
⑦ naheen [ナヒーン] ヒンディー語 「いいえ」
　用法は、英語の no よりも日本語の「いいえ」に近い。
⑧ bahut [バフット] ヒンディー語 「とても」「多い」
⑨ wah [ワー] ヒンディー語 「すごい」
　賞賛するときの間投詞。
⑩ JNU [ジェー エヌ ユー] 「ネルー大学」
　Jawahar Lal Nehru University の略。デリー市内にある名門国立大学。
⑪ enquire 「問い合わせる」
　inquire のイギリス式つづり。

訳 ≫

アリ：あなたはファーストクラスキャブの運転手ですか？
運転手：はい、そうです。クーポンをください。
アリ：待って、待って。ホテルまで無事に着いたときに渡します。コンノートパレス
　に行くのですが、場所は知っていますか？
運転手：はい、もちろん。ちょっとクーポンを見せてもらってもいいですか？　ホテ
　ルの名前が書いてあるでしょう？
アリ：[クーポンを渡さず、見せるだけにして]ここに書いてあるでしょう。よろしい、
　ね？
運転手：えっ！　あなたはヒンディー語を話すのですか？　あなたはヒンディー語を

話すのですか、お客さん？

アリ：はいそうです。少しだけね。

運転手：いや、すごく話せますよ！　ご出身はどこですか？　インドははじめてですか？

アリ：私は日本人です。そう、インドに来るのは今回はじめてです。

運転手：お客さん、どこでヒンディー語を学んだのですか？　ヒンディー語を話す日本人に会ったのははじめてですよ。

アリ：私はヒンディー語を日本で学びました。学生時代、大学でヒンディー語のコースを取ったのです。

運転手：すごい、すごい！　私は日本語を学びたいと思っています。日本の企業で働きたいんです。

アリ：それはいい心がけですね。ネルー大学では一年課程の日本語コースを開講するらしいですよ。

運転手：そうですか。明日、問い合わせてみます。ところで、目的地のコンノートパレスに近づいてきました。とてもいいホテルだと聞いています。あの宮殿みたいな建物がコンノートパレスホテルです。さあ、着きましたよ。

アリ：そうですか、どうもありがとう。はい、クーポンです。

プリペイドタクシー

　たいていのインドの空港では、プリペイドタクシーが利用できる。インドではムンバイなどのいくつかの都市を除いて、流しのタクシーはつかまえにくい。また、流しのタクシーでも空港のタクシーでも、メーターどおりの料金で済むことは少ない。通常、相場の数十％増し、ときには数倍の料金を要求される。タクシー運転手の多くはあまり英語ができず、それが料金交渉の障害となることも多い。長旅で疲れて、料金交渉が面倒なときは、相場よりもずいぶん高いが、プリペイドタクシーを利用するのが無難である。なお、エアコン（AC）付きだと料金は数十％割高になる。

　プリペイドタクシーは、空港や駅を出たところにあるブースで料金を前払いすると、クーポンが手渡される。料金は距離にもとづいて算出するので、法外な料金を取られることはあまりないが、お釣りの確認は忘れないようにしたい。善良な運転手もいるが、先にクーポンを渡すと、まったく関係のない場所に置

き去りにされたり、目的地以外のホテルに連れて行かれたり、トラブルのもとになる。きちんと目的地に着いてから、クーポンを渡すのが賢明である。ダメで元々の精神で、チップを求めてくる運転手もいるが、割高の料金を払っているので、余分なチップは不要である（もちろん、運転以外の仕事を頼んだときや、サービスがよかったときなどは、少々チップをあげてもかまわない）。

インドの交通

　1991年の経済の自由化以降、インドは経済成長を誇っているが、現在もインドの交通は都市間・都市内とも基本的に不便だと思ってよい。飛行機はともかく、列車は遅れるのがあたりまえである。飛行機もときには座席予約がいつのまにか取り消されたり、ダブルブッキングされたりすることがある。

　市内の移動には路線バスや auto rickshaw が便利である。しかし、auto rickshaw のドライバーも英語はほとんどできず、料金交渉も大変なので、面倒やトラブルを避けたいなら、路線バスを利用するとよい。ただし、路線バスは地図を買うのも、使いこなすのも、なかなか大変である。たとえば、バス停への到着時刻が不正確で、行き先やバス番号が地域の言語で書かれていることも多い。それに、停留所でも完全停止しないこともあるので、乗り降りには注意を要する。

　タクシーや auto rickshaw の運転手には英語を理解しない人が多いが、英語の数字はよく通じる。他の非英語圏でも同様だが、英語はシンプルに要点のみを述べるほうが誤解を避けることができる。特に料金を事前交渉するときは "Five hundred rupees, OK? Five hundred rupees, OK?" のように何度もしつこく確認するのが無難である。

　デリーのメトロ（Delhi Metro）は非常に快適で便利である。デリー市内のメトロ網が整備されるとタクシー・auto rickshaw 業界に大打撃を与えるかもしれない。実際、空港からデリー中心部へのメトロも整備されたので、荷物の多くない旅行者は面倒なタクシーを避けて、メトロを利用することになろう。それでも、タクシー業界は法外な料金をふっかける運転手を排除できないだろう。

なお、デリーのメトロを運営している Delhi Metro Rail Corporation Limited（DMRC）は、中央政府とデリー政府が共同出資した公設民営会社である。空港とデリー中心街を結ぶ Airport Express は、インド民族系財閥 Reliance が請け負っていて、料金も他の路線よりずいぶん高い（2012 年 7 月現在、国際空港とデリー中心部の料金は片道 80 ルピー）。デリーメトロは政府の補助金を受けずに黒字経営をおこなっている、世界的にもインド的にも非常にめずらしい鉄道である。その収入源は運賃の他に、広告、沿線開発、映画のロケ使用料ということだ。

ホテルに到着

At the Hotel

4

Scene 1

Track
08

The taxi arrives at the hotel and Ari gets out of the car. A doorman of the hotel opens the door of the taxi and a porter comes.

タクシーがホテルに到着し、アリは車を降ります。ホテルのドアマンがタクシーのドアを開け、ポーターがやってきました。

Porter : Sir, is this your suitcase? I will carry it.

Ari : Oh, thanks. Be careful with the suitcase. There are some fragile things inside.

Porter : OK, sir. First, check in at the reception desk.

Ari : Sure. Where is it?

Porter : Over there, sir.

ポーター：お客様、これはあなたのスーツケースですか？ 私がお運びします。

アリ：どうもありがとう。スーツケースの取扱いに気をつけてください。中に壊れやすい物が入っているので。

ポーター：わかりました。まず、フロントでチェックインしてください。

アリ：わかりました。フロントはどこですか？

ポーター：あちらです。

Scene 2

At the reception desk of Connaught Palace Ari speaks to the reception clerk.

コンノートパレスのフロントで、アリはフロント係に話しかけます。

Ari : Excuse me, but I would like to check in. I booked a room for 10 nights through a travel agent in Japan.

Receptionist : Can I see your passport, sir?

Ari : Sure, here it is.

Receptionist : OK, your name is Ari Kodama. A standard room for ten nights. How would you like to pay?

Ari : Can I pay with my credit card?

Receptionist : OK, can we see your credit card? We will have you write your signature when you check out. Can we have a photocopy of your credit card till you check out?

Ari : Sure.

Receptionist : Your room number is 543. This is the key. The porter will take you to the room.

Ari : Thanks.

訳

アリ：すみません、チェックインをしたいのですが。日本の旅行会社を通して10泊の予約をしています。

フロント係：パスポートを見せていただけますか？

アリ：はい、どうぞ。

フロント係：OK, アリ・コダマさんですね。スタンダードルームを10泊ですね。お支払いはどのようにいたしますか？

アリ：クレジットカードで支払えますか？

フロント係：結構です。クレジットカードを拝見できますか？　チェックアウトの際

に、サインをお願いします。チェックアウトまで、クレジットカードのコピーを私
たちがお預かりしてよろしいですか？

アリ：どうぞ。

フロント係：あなたの部屋は 543 号室です。これがお部屋の鍵です。ポーターが部
屋までご案内します。

アリ：ありがとう。

Scene 3

Track
10

At the hotel room.

ホテルの部屋で

Porter：Sir, this is your room. [*Opening the door, turning the lights on
and putting the suitcase on the floor*] Very good room, no? ①

Ari：[*Giving the porter thirty rupees for a tip*] This is yours.

Porter：Thank you, sir. Do you want anything else, sir?

Ari：Nothing particular, thanks.

Porter：Do you want mineral water or Coca Cola, sir?

Ari：No, thank you. I will buy one myself later.

Porter：Do you need a guide tomorrow, sir?

Ari：No. I don't need anything else. What I want now is to take a rest and
relax.

Porter：OK, accha, how about beer? Shall I buy beer for you?

Ari：No. Let me take a rest, PLEASE. Otherwise I will complain about
you to the hotel manager.

Porter：Accha, accha. Good night, sir.

Notes

① ..., no? 「〜ですね？」

　付加疑問の代用としてよく使う。参考 ..., isn't it?/ ..., hai na?

訳 》

ポーター：こちらがお客様のお部屋です。[ドアを開け、電気をつけ、スーツケースを床に置き] とてもいい部屋でしょう？

アリ：[チップを30ルピー手渡して] これはチップです。

ポーター：ありがとうございます。他に何かご用はございますか？

アリ：いいえ、特にありません。もうこれでいいですよ、ありがとう。

ポーター：ミネラルウォーターやコカコーラはいかがでしょうか？

アリ：いいえ、結構です。後ほど自分で買いますので。

ポーター：明日、ガイドは必要ありませんか？

アリ：いいえ。もう何もいりません。私がいましたいのは、休息とリラックスすることです。

ポーター：わかりました。では、ビールは？　ビールを買ってきましょうか？

アリ：いりません。休ませてください、お願いだから。さもなければ、ホテルのマネージャーにあなたの苦情を言いますよ。

ポーター：あ、そうですか。おやすみなさい。

インドのホテル

　インドの高級ホテルは、比較的高学歴の人が働く華やかな職場である。特に、フロントなどで働くインド人は男性も女性も英語ができ、インドの他のサービス業に比べて行き届いたサービスが提供されることが多い。しかし、料金が先進国以上であっても、先進国並みのサービスが提供されるとはかぎらないのが、インドである。部屋が汚かったり、臭かったり、水やお湯が出ないなどの小さなトラブルは5つ星ホテルでもめずらしくない。そのようなときは、運命と諦めて達観するか、とことん苦情を言って是正させるかのどちらかである。ただ

し、従業員の対応はたいてい遅く、要領を得ない場合が多い。旅行業者を通じて予約をした場合は、その業者に折衝させるのもよい。

　インドの５つ星ホテルは非常に広く、床には大理石がふんだんに使われるなど、建物や家具の材料にはほんとうによいものを使っている。だが、一般的に、テレビやエアコンなどの電化製品の手入れは行き届いておらず、トイレやバス（シャワー）等の水回りもよくない。

　インドの中級ホテルは、一般に薄暗くて薄汚いが、土埃が舞い泥と牛糞で足もともままならない外界に比べれば天国と言っていいほど清潔である。中級ホテルでも、エアコンは骨董品のように古いものの場合もあるが、一応、部屋を冷やしてくれる。ただし、壊れて使いものにならないことも多く、そのためか、天井には大きな扇風機（punkah [パンカー]）が付いているホテルが多い。扇風機は洗濯物をすぐに乾かし、蚊を追っ払ってくれるが、つけたまま寝ると風邪をひく。高級ホテルやレストラン、大企業には自家発電機（generator）があるが、中級ホテルにはなく、停電になると、せっかくエアコンが付いていても、部屋は蒸し風呂状態になる。ちなみに日本人駐在員が住むような高級マンションは、鉄条網付きの高い塀で囲まれ、不審者を入れないための警備員を雇い、自家発電装置を付けているところがほとんどである。

　一般的に、ホテルの従業員のしつけはまったくなっておらず、チップを過度に要求したり、チップ目当てにサービスの押し売りをしたりする場合が多い。最初は親切にして安心させ、後で多額のチップを要求する悪質な従業員もいる。そういう場合はフロントやマネージャーに苦情を言う、と脅かすと、おとなしくなる（実際に苦情を言ってもかまわない。そもそも、彼らはダメで元々の軽い気持ちでたかってくるので、自分の雇用を危険にさらす覚悟はない）。また、中級以下のホテルだと、貴重品以外にもカメラや時計、電化製品がなくなる場合もあるので、自分の物はきちんと管理するにこしたことはない。筆者自身インドで物をなくしたりとられたりしたことがあるが、それはすべて旅行先での出来事であった。知り合いや親しい人が出入りする大学の寮（アメリカ英語のdormitory は通じず、イギリス英語の hostel を使う）では何も盗まれたことはない。おそらく、筆者をよく知る人や筆者と親しい人には筆者の物をとることはできなかったのであろう。ただ、大学の寮でも、筆者あての手紙がよく勝手に開封されていたのには閉口した。

インドの安ホテル

　鉄道の主要駅近くには、安ホテル街がある。食事付きの安ホテルには "Fooding and Lodging" という看板がかかっていることが多い。その他、宿のことを traveller's bungalow とか yatri niwas と言うこともある。

　安ホテル街にある宿は一般に安価だが、施設やサービスは概してよくない。外国人をよく受け入れる宿では英語が通じることが多いが、従業員だけでなくバックパッカーにも胡散臭い人が多いので、気をつけたほうがよい。安宿は、高級ホテルと比べると信じられないほど安いが、ベッド（cot）は不潔で、毛布は使いまわしで汗臭く、就寝中に南京虫と蚊に刺されて、痒さとの戦いになる。エアコンのある部屋は少なく、天井に大きな扇風機（punkah [パンカー]）が付いているだけの部屋が普通である。シャワーもお湯が利用できないところが多く、バケツに水を入れて、手桶（mug）で少しずつ汲んで沐浴するスタイルのところが多い。水がふんだんにある日本と違い、インドでは水は貴重であり、インド人は水を大切に使う。たとえば、インド人の多くはシャワーでお湯や水をぜいたくに使わない。多くの家庭ではシャワー設備を備えているが、シャワーそのものはあまり使わず、大きなバケツに水を入れ、マグに水を汲んで少しずつ沐浴している。トイレにも風呂場と同じような mug があるが、それは用便後、水を入れ、その水を使って左手でおしりを洗浄するためのものである。

5 ホテルのレストランで
At a Restaurant of the Hotel

Scene 1

Ari comes to the restaurant where he is supposed to meet his colleague.

アリは同僚と待ち合わせをしているレストランへやってきました。

Ari : Excuse me, but can I wait at a table inside the restaurant till my colleague comes?

Clerk : Of course, sir. How many people will there be?

Ari : Just two, including me.

Clerk : OK, sir. Come, come. ① [*Pointing at a table*] Please sit at the table there, sir.

Ari : Sure, thank you. Now I would like to order a cup of tea only. ② When my colleague comes later, I'll order some dishes.

Clerk : OK, sir. Our tea is very good, sir.

ⓝotes

① come, come 「おいでください」

come, come, come と繰り返して言うことが多い。

② ... only

インドでは only が後置されることが多い。「〜だけ」の意味の他に、前にある語句を強調するために用いることがある。

49

訳 ▶

アリ：すみません、私の同僚が来るまでレストランの席で待っていてもいいですか？

店員：もちろんです。何名様がお越しになりますか？

アリ：私を入れてふたりだけです。

店員：承りました。では、こちらへおいでください。［テーブルを指差して］そこのテーブルにおかけください。

アリ：はい、ありがとう。とりあえず、紅茶だけ注文いたします。後で同僚が来たら、料理を注文します。

店員：承りました。当店の紅茶はとてもおいしいですよ。

Scene 2

Track 12

Ari's colleague comes to the restaurant.

アリの同僚がレストランへやってきます。

Ari : Namaste, Kumar <u>sahib.</u> ① Come, come.

Mr Kumar : Namaste, Ari ji. Have you been waiting long?

Ari : No, I came here just 30 minutes ago. I came here earlier just in case. While waiting for you, I have been enjoying <u>adrak chai</u> ② in this restaurant.

Mr Kumar : Accha? In India adrak chai is said to be good for healing cold. As you know, adrak means ginger, which is used as herbal medicine to cure cold.

Ari : Oh, in traditional Chinese herbal medicine, which is popular in Japan as well, ginger is said to be good for suppressing cough. Anyway, please be seated here.

Mr Kumar : Thank you, Ari ji. This is a very good restaurant. I am a <u>kunjoos.</u> ③ So I seldom visit such a good restaurant. But this time we can reimburse money from our company.

Ari : Yeah, I am also "<u>kunjooson ka kunjoos.</u>" ④ I will never come to such a good restaurant except when I do not have to pay myself.

Mr Kumar : Ari ji, "kunjooson ka kunjoos," well said. I am "<u>Kumaron ka Kumar</u>,"⑤ prince of princes. We two may be "<u>kunjooson ke kumar</u>,"⑥ miser princes. Let's thank our company tonight. Anyway, what shall we eat now?

Ari : Any recommendation?

Mr Kumar : Actually, I'm a vegetarian. But I am an <u>eggetarian</u>⑦ and, of course, can drink as you may know. Ari ji, you are a nonvegetarian, <u>isn't it?</u>⑧

Ari : Yes, I am a nonvegetarian and a drinker. And I like eggs as well.

Mr Kumar : Then, how about ordering both vegetarian/eggetarian curries and nonveg dishes like tandoori chicken and kebabs with naans and egg <u>biryani</u>.⑨ Before these, we have to order <u>Kingfisher Beer</u>!⑩

Ari : I agree!

Ⓝotes

① sahib ［サーヒブ］ ヒンディー語 「～さん」
　ji よりも丁寧。

② adrak chai ［アドラック チャイ］ ヒンディー語 「ショウガ入り紅茶」
　体が温まる。

③ kunjoos ［カンジュース］ ヒンディー語 「けち」

④ kunjooson ka kunjoos ［カンジューソン カ カンジュース］「ケチのなかのケチ」
　「どケチ」
　ヒンディー語でよく言う言い方。

⑤ Kumaron ka Kumar ［クマーロン カ クマール］「王子様中の王子様」
　Kumar という名前の元来の意味が「王子様」。

⑥ kunjooson ke kumar ［カンジューソン ケ クマール］「ケチのなかの王子様」

⑦ eggetarian 「卵だけは食べるベジタリアン」

⑧ ...isn't it? 「～ですね」
　be 動詞の文にも一般動詞の文にも現在形にも過去形にも付加疑問の tag が "isn't it" になることが多い。

⑨ biryani [ビリヤーニー] 　ウルドゥー語 「ビリヤーニー」
　　肉や野菜を使ったスパイシーな炊き込みご飯。
⑩ Kingfisher Beer
　　インド最大のビールブランドのビール。

訳 ▶

アリ：こんにちは、クマールさん。どうぞこちらに。

クマール：こんにちは、アリさん。長く待たれましたか？

アリ：いいえ、来たのは 30 分ほど前ですので。万一に備えて早く来ただけです。あなたを待っている間、このレストランのアドラック・チャイ（ショウガ入り紅茶）を楽しんでいましたよ。

クマール：ほんとう？　インドではアドラック・チャイは風邪にいいと言われています。ご存じのように、アドラックはショウガの意味で、風邪を治す薬草として用いられています。

アリ：へえ、日本で浸透している漢方でも、ショウガは咳を抑えるのによいと言われています。さて、ここにおかけください。

クマール：ありがとう、アリさん。ここはとてもよいレストランです。私はケチなので、このようなよいレストランにはめったに来ないのです。でも、今回は会社から食事代の払い戻しがありますからね。

アリ：はい、私もケチ中のケチです。私も自分でお金を払わなくてよいとき以外は、こんなよいレストランには絶対に来ませんよ。

クマール：アリさん、ケチ中のケチとはよく言いましたね。私は王子様のなかの王子様です。私たちふたりはケチのなかの王子様、ケチ王子ですね。とにかく、今晩は会社に感謝しましょう。さあ、何を食べましょうか？

アリ：何かおすすめは？

クマール：実は、私はベジタリアンなのですが、卵だけは食べるエガタリアンで、もちろん、ご存じかと思いますが、お酒も嗜みます。アリさん、あなたは肉料理を食べますよね？

アリ：はい、肉を食べますし、酒も嗜みます。そして、卵も好きですね。

クマール：では、ベジタリアンとエガタリアンのカレーと、タンドゥーリーチキンやカバーブのような肉料理に、ナンと卵のビリヤーニーを頼むのはどうですか？　その前にキングフィッシャービールを頼まなければいけませんね！

アリ：賛成です、クマールさん！

インドの食事情

　インドには、驚くほど安いレストラン（食堂）から日本の高級レストラン以上に高価なものまで、さまざまなレストランがある。

　北インドには北インドらしい料理が、南インドには南インドらしい料理があり、また地域によって食材やコンビネーションが微妙に異なる。ごく大雑把に言うと、北インドの vegetarian の定番は、パン類（chapati）、豆スープカレー（dhal）、野菜カレー（sabji）で、南インドではご飯、南インド式豆スープカレー（sambar）、野菜の澄まし汁スープ（rasam）が定番で、締めはヨーグルトご飯（curd rice）である。もとは北インドのものであるが、北・南ともにインド式ピクルス（achar）、インド式チャツネ（chutney）を添える。

　鉄製のプレートにさまざまなカレーや食材が盛られた定食（thali）も定番である。thali のご飯やカレーはおかわりし放題である。特に南インドでは鉄製の皿の代わりにバナナの葉に盛りつけることも多い（食材盛りつけ用のバナナの葉はスーパーマーケットにも売っている）。

　スナックは、南インドのスナックだった dosa が全インドで市民権を得ている。masala dosa はスパイスの効いたポテトの具を詰めた dosa と前述の sambar のセットである。idli は米で作ったケーキ状のスナックで chutney あるいは sambar と一緒に食べる。upma は見た目がおからのようなスナックである。

　飲み物もインド南北によって趣を異にする。北インドではおもにミルクティー（chay/chae）が好まれるが、南インドではコーヒーが主流である。北インドと南インドをつなぐ夜行列車に乗ると、売り子の声が "chae, chae" からいつしか "kopi, kopi"（インドの在来言語には f 音がないので、f 音がよく p 音になる）に変わることに気づくであろう。筆者が留学していた Hyderabad はちょうど南北インドの中間点に位置し、北インドのムスリム文化と南インドのドラヴィダブナ文化が交差する地域であった。よって、毎朝学生寮の食堂には、chay と coffee の両方が供され、昼食や夕食は北インド料理と南インド料理が交互もしくは並行して出されたものである。おかげで、筆

者はインド料理に飽きることなく、毎日毎回の食事を楽しめた。

　日本をはじめ世界でよく食べられている「インド料理」は北インド料理を代表するパンジャーブ料理である。インドとパキスタンの分離独立後、他の国に職を求めて移住したインド人・パキスタン人の多くがパンジャーブ人であった。彼らの宗教はシク教、イスラーム教、ヒンドゥー教などさまざまだったが、菜食のヒンドゥー教徒を除き、彼らの食文化はほぼ共通のパンジャーブ料理であった。ちなみに、tandoori chicken も kebab も naan も、インド人の日常食ではなく、少しぜいたくな食事である。また、tandoori chicken も kebab も naan もインド料理というよりもイスラーム料理、あるいはアフガーン料理と言える。イスラームの影響を強く受け、アフガニスターンにも近いパンジャーブの人たちは、言語・文化のみならず、イスラーム的、アフガニスターン的な料理を比較的日常的に食しているのである。インドの外食でちょっとぜいたくをするときは、中華料理店に行くことが多い。インドをはじめとする南アジアでは、中華料理は、日本でたとえるなら、フランス料理のような「高級料理」とみなされている。ムスリムのみならず、ヒンドゥーにも豚肉を食べない人が多い。よって、中華料理店では、インドの肉類ではいちばん高価なチキンをベースに料理されている。ちなみに、中華料理店のコックには中国系あるいはチベット系の人たちが多い。

　特に南インドではレストランのことを hotel と言う。南インドではコックにバラモン（Brahmin, カースト最上位の僧侶階級）が多く、バラモン経営の食堂も多い（brahmin hotel と言う。当然、菜食料理の店である）。肉屋にはムスリムが多い（豚肉屋もあるが経営者がムスリムでないことはたしかだ）。キリスト教徒やムスリムは牛肉（インド人によるとバッファローの肉らしい）も食べる。

タクシーを手配する
Hiring a Taxi

6

Scene 1

Ari asks a hotel clerk in the lobby to call a taxi.

アリはロビーでホテルの係員にタクシーを呼ぶよう依頼します。

Ari : Excuse me. Kindly ① call me a taxi. I would like to go to Noida. ②

Hotel Clerk : Yes [*tilting his head*]. ③

Ari : Can you do that? [*suspiciously*]

Hotel Clerk : Of course, I can. [*Tilting his head again*]

Ari : How much does it cost?

Hotel Clerk : 1,500 rupees.

Ari : When I came back to this hotel from Noida by taxi the day before
     yesterday, it cost 1,000 rupees only.

Hotel Clerk : We can call expensive taxis only.

Ari : Then, could you call me a cheaper one?

Hotel Clerk : No, no, no, I don't know cheaper ones.

Ari : Can't they go by meter?

Hotel Clerk : No, no, this is Delhi.

Ari : Then, what is a meter for in Delhi?

Hotel Clerk : Meters are old. So they do not use them.

Ari : OK, OK, I will find one outside on my own.

Hotel Clerk : Acchaa...

ⓃInfo otes

① kindly ... 「どうか〜してください」

please と同じように命令文の動詞の前に置いて使われる。

② Noida [ノエダー]「ノイダ」

New Okhla Industrial Development Area の略で、デリー郊外の新興住宅地。巨大ショッピングモールが多い。Delhi Metro でデリーの中心部からすぐ行ける。

③ tilting

インド人は肯定のジェスチャーとして首をかしげる (tilt)。YouTube にも "Indian Head Bobble" と題した動画がある。

訳 》

アリ：すみません。どうかタクシーを呼んでくれませんか。ノイダに行きたいのです。

係員：承りました。［頭を傾けながら］

アリ：タクシーを呼んでくれるのですか？［疑って］

係員：もちろん。［また頭を傾ける］

アリ：料金はどれくらいになりますか？

係員：1,500 ルピーです。

アリ：一昨日、ノイダからこのホテルに来たときは、1,000 ルピーでしたよ。

係員：高いタクシーしか呼ぶことができません。

アリ：では、私たちに安いタクシーを呼んでくれませんか？

係員：いえ、いえ、私は安いタクシーは知りません。

アリ：メーター料金で行ってくれないのですか？

係員：いえ、いえ、ここはデリーですので。

アリ：じゃあ、デリーのメーターって何のためにあるのですか？

係員：メーターは旧式なので、タクシーはメーターを使わないのです。

アリ：ああそう、では、外で自分で探します。

係員：そうでございますか……。

インド人のジェスチャー

インド人はジェスチャーで首を多用する。首を右側に少し振ると「来い」というジェスチャーになる。日本人が「はい」とうなずくところを、インド人は首を少し横に傾ける。それを連続しておこなうと、首を震わせているように見える。No と言っているのと勘違いしやすいので注意を要する。

ヒンドゥー教徒が挨拶や頼みごとをするときは合掌する。ムスリムは右の手のひらをひたいに近づけて "aadaab arz"［アーダーブ アルズ］と言って挨拶する。インド人は叱られたとき、両手で耳たぶを持つ。そのジェスチャーは「反省しています」の意味である。ヒンドゥー教徒は、年長者などに尊敬を表すとき、自分の右手で相手の足に触れる。ヒンドゥー教徒が大多数であるインドでは、ヒンドゥー教徒以外の人もこのジェスチャーをすることが多い。

インドの男性が小指を立てるのを見て、その男性に愛人や恋人がいると勘違いしてはいけない。小指を立てるジェスチャーの元来の意味は「1」で、転じて、標準英語における幼児語の number one を受け、インドでは「おしっこ」という意味になる。

喜んだり、称賛したりするときは、両手のひらを上に向け、上方を仰ぎ見て、wah［ワー］と言う。

Scene 2

Track 14

Outside the hotel. Ari asks a doorman to catch a taxi.

ホテルの外。アリはドアマンにタクシーをつかまえるよう頼んでいます。

Ari : [*Pointing at taxis in front of the hotel*] Sat sri akal, ① Sardar ji, ② do they go to Noida by meter?

Doorman : Sat sri akal, sir ji, ③ they can go to Noida for 2,000 rupees only.

Ari : I asked you if they go to Noida BY METER, <u>hai na!?</u> ④

Doorman : Their meters are old. So they don't use them.

Ari : How old are their meters?

Doorman : I am 40 years old.

Ari : I didn't ask your age!

Doorman : [*Pointing at a taxi driver*] He is 40 years old, too. He is my friend.

Taxi driver : Konnichiwa, sayonara. My taxi is cheap.

Ari : I don't think your taxi is cheap. It is very very expensive. <u>Bahut mehnga.</u> ⑤

Taxi Driver : No, no, no, no, no. My taxi is cheap. Use my taxi! [*Grabbing Ari's bag*]

Ari : [*Refusing and shouting*] No! Don't touch my bag!

Taxi Driver : Accha, sayonara!

Ⓝotes

① Sat sri akal [サット スリ アカール]
   シク教徒の挨拶。

② Sardar ji [サルダール ジー]
   シク教徒男性への呼びかけ語。

③ sir ji [サル ジー]「旦那さん」
   ji はヒンディー語のカジュアルな敬称で「〜さん」の意味。人名以外に役職名や呼びかけにも付けることができる。

④ ..., hai na? [〜ハェ ナ]「〜ですね」
   ヒンディー語の付加疑問だが、英語に混ぜてそのまま使われることがある。

⑤ bahut mehnga [バフット メヘンガー]「非常に高い」
   ヒンディー語で bahut は「とても」、mehnga は「高価な」の意味。

58

訳 》

アリ：［ホテルの前でタクシーを指して］シクの親方、ごきげんよう。あのタクシーはノイダまでメーターで行ってくれますかね？

ドアマン：ごきげんよう、お客人の旦那。あのタクシーの運転手はちょうど2,000ルピーでノイダへ行きますよ。

アリ：ノイダまでメーターで行くか聞いたんですけどね！

ドアマン：あのタクシーのメーターは旧式なので、使わないのです。

アリ：あのメーターはどれほど旧式なの？

ドアマン：私は40歳です。

アリ：あなたの年齢は聞いていません！

ドアマン：［タクシー運転手を指差し］彼も40歳。私のトモダチ。

タクシー運転手：コンニチワ。サヨナラ。私のタクシーは安いですよ。

ドアマン：あなたのタクシーは安くありません。とても高〜いです。ヒジョーに高イ！

タクシー運転手：いえ、いえ、いえ、いえ、そんなことはありません。私のタクシーは安いです。私のタクシーに乗って！［アリのかばんをガバッと掴む］

アリ：［抵抗して叫んで］離せ！　私のかばんに触るな！

タクシー運転手：あっそう、サヨナラ〜！

苦情を言う

Making a Complaint

Scene 1

Ari is making a complaint about the hotel clerk and the doorman at the front desk.

アリはフロントで、ホテルの係員とドアマンについて苦情を言っています。

Ari : Excuse me. I would like to talk with the general manager about bad services of your hotel.

Hotel Clerk : The general manager is on leave today. Instead, the deputy manager can talk with you.

Ari : Sure. I would like to talk with him very soon. I am in a hurry. I have to go to Noida by 11 o'clock.

Hotel Clerk : Accha, I suppose you had a bad time bargaining the price with a taxi driver. <u>You do one thing.</u> ① How about going to Noida first and then talking with us after you come back here?

Ari : Yes, it sounds good. Actually, they tried to force me to use expensive taxis. They are swindlers!

Hotel Clerk : I know how you feel. Generally, Indians ask for higher charges towards foreigners. Our hotel is a five-star hotel. So, taxi drivers expect our guests particularly from rich countries to be generous. It is, in a sense, our culture.

Ari : Do you mean the clerk and the doorman were right?

Hotel Clerk : I don't mean that. They just don't know how to speak and behave. Incidentally, how long are you going to stay in Noida?

Ari : In Noida I will meet a customer of our company and give a gift from Japan. It'll take less than an hour.

Hotel Clerk : Then, how about hiring a taxi at a travel agent in our hotel? You will have to pay by the hour. As I remember, it costs 700 rupees an hour. It is not so cheap because we use good cars and good drivers appropriate for a five-star hotel. But if you hire a taxi at our travel agent, you can have a comfortable journey to Noida, and, what is more, you don't have to worry about hiring a taxi there in Noida to return here.

Ari : That sounds nice. I'll try that.

Hotel Clerk : We have well-trained English speaking drivers. You can pay us the fare when you check out this hotel.

Ari : Can I use my credit card for that?

Hotel Clerk : Of course, sir.

otes

① You do one thing. 「これをしたらいい」
　　指示や命令の前によく言うことば。

訳 》

アリ：すみません。総支配人とこのホテルの最悪のサービスについてお話したいのですが。

フロント係：本日、総支配人は休暇で不在です。その代わりに副支配人がお伺いします。

アリ：わかりました。すぐにでもお話がしたいです。急いでいますので。11 時までにノイダに行かなければいけないのです。

フロント係：なるほど。お察しするところ、タクシー運転手との料金交渉で嫌な思いをされたのですね。こうされたらどうでしょうか。まず、ノイダに行って、ホテルに戻って来てから私たちとお話になるのはいかがでしょう？

アリ：はい、それはそうですね。実は、従業員が私に高いタクシーを使わせようとしたのです。彼らは詐欺師です。

フロント係：お気持ちお察しします。一般的に、インド人は外国人に高い料金を要求

してきます。当ホテルは5つ星ですので、タクシー運転手も、特に豊かな国からのお客様に気前のよさを期待しています。ある意味で、これは私たちの文化なのです。

アリ：係員やドアマンが正しいと言いたいのですか？

フロント係：そういう意味ではございません。彼らはただ礼儀作法がなっていないだけなのです。ところで、ノイダには、どのくらいの時間、滞在されますか？

アリ：ノイダでは会社のお得意様に会って、日本からの贈り物をお渡しするだけなので、1時間もかからないでしょう。

フロント係：では、当ホテル内の旅行代理店のタクシーを使われてはどうでしょう？料金は時間制です。たしか、1時間700ルピーだったと思います。5つ星ホテルにふさわしい優れた車と優れた運転手を使っているので、安くはありませんが、当ホテルの旅行代理店のタクシーを使っていただければ、ノイダまでの移動は快適です。なにより、ノイダで帰りのタクシーをつかまえる心配がいりません。

アリ：それはいいですね。そちらのタクシーを使ってみます。

フロント係：運転手は英語の話せる、訓練の行き届いた運転手です。料金はホテルをチェックアウトするときに、ホテルに払っていただければ結構です。

アリ：タクシーの支払いにもクレジットカードが使えますか？

フロント係：もちろんです。

Scene 2

Track 16

Ari hires a taxi at a hotel and gets into it.

アリはホテルでタクシーを手配し、乗り込みます。

Ari : Namaste, driver sahib. ① Noida chalo ge? ②

Driver : Wah, wah, you speak Hindi, sir! Very good, very good. I know you are going to Noida. Bada sahib ③ told me that.

Ari : Your English is good too. And this car is also very good. It is clean and big.

Driver : It is also air-conditioned. This is a Japanese car.

Ari : Yeah this is a Suzuki car. But this is made in India, isn't it?

Driver : Yes, it is assembled in India, using parts made in India. But

Suzuki is originally a Japanese company.

Ari : Yes, it is. Suzuki makes bigger profits in India than in Japan. Suzuki cars' share in India is more than 50%. We can say that Suzuki in India has been well Indianised by understanding Indian consumers and the Indian market. In addition, Suzuki's management have tried to understand Indians' working styles and customs. That is why Suzuki has been successful in India.

Driver : I am glad to hear that, sir. You know a lot about Suzuki.

Ari : Actually, I'm working for a company affiliated with Suzuki. My company deals with car parts for Suzuki in India. I've come here to work for the New Delhi branch of our company. I'm now staying at the hotel, but I will have to find an apartment and live there soon.

Notes

① ... sahib [サーヒブ] ヒンディー語 「～さん」

　...ji よりも丁寧。

② ... chalo ge? [～チャロー ゲ] ヒンディー語 「～へ行ってくれますか」

　auto やタクシーの運転手に行き先を告げるときの常套句。

③ bada sahib [バラー サーヒブ] ヒンディー語 「ボス」

訳 》

アリ：こんにちは、運転手さん。ノイダに行ってくれますか？

運転手：すごい、すごい、お客さん、あなたはヒンディー語が話せるのですね！ 非常にすばらしい。すばらしすぎる。あなたがノイダへ行くことは知っています。ボスが言っていましたので。

アリ：あなたも英語が上手です。そして、この車もまたいい。きれいで大きい。

運転手：エアコン付きですよ。これは日本車です。

アリ：そう、これはスズキの車ですね。しかし、インド製ですよね？

運転手：はい、インドで作った部品を使って、インドで組み立てられています。しかし、スズキはもともと日本の企業ですよ。

アリ：そのとおり。でも、いまや、スズキは日本よりインドで大きな収益を上げています。インドにおけるスズキ車のシェアは 50% 以上です。インドのスズキは、インドの消費者と市場を理解して、十分にインド化していると思います。また、スズキの経営陣は、インド人の仕事のやり方や慣行を理解しようと努力を重ねました。これがスズキのインドでの成功の理由です。

運転手：この話を聞けて嬉しいです。スズキのことをよくご存じですね。

アリ：実は、私はスズキの関連会社で働いているのです。私の会社はインドのスズキ車の部品を扱っています。私がここに来たのは、私たちの会社のニューデリー支社で働くためです。いまはホテルに泊まっていますが、そのうちマンションを見つけて住むことになります。

ホテルでの注意点

　インドのホテルの従業員には、タクシードライバーの友人と結託して、旅行者からお金をぼったくろうとする輩がいる。そういう輩はとにかくしつこい。怒っても怒鳴っても、ひるまない。特に安いホテルではそういう従業員がいる可能性が非常に高い。5 つ星ホテルでも、従業員の教育が行き届いていないところは、気をつけたほうがいい。

　インドでは、ホテルの快適さと安全はお金で買うものだと考えたほうがよい。5 つ星ホテルでも、minibar を使ったりインターネットサービスを使ったりすると、雪だるま式にお金がかかるようになっている。5 つ星ホテル内の店も日本と変わらないほど高かったりする（ただし、同じ料金でもサービスは日本よりもずっと下である）。

ビジネス編

いよいよインド支社へ。
アリを待ち受けるものとは。

会社で
At the Company

Scene 1

Track
17

Ari came to Kisuzu Motors Company to meet Mr Kumar, Ari's direct boss. On arriving at the company, Ari goes to the receptionist.

アリは直属の上司であるクマール氏に会いに、キズズモーター社へやってきました。会社に着くや、アリは受付へ。

Ari : Excuse me, madam, but I'm Ari Kodama sent by Tokyo headquarters. I would like to meet Mr Kumar.

Receptionist : One minute, Mr Kodama. I will check with him. [*On the phone*] Hello, Kumar sahib. This is Sonia speaking. A gentleman from Tokyo wants to meet you. Accha, yes, yes, <u>haan,</u> ① I will tell him. [*Turning to Ari*] He is coming now.

Ari : Thank you, madam.

Receptionist : <u>No problem.</u> ② You will be working here soon. My name is Sonia. Please sit on the chair there and wait for Mr Kumar.

Ⓝotes

① haan [ハーン] ヒンディー語 「はい」
② no problem

　インド人は no problem を連発する。問題があるときでさえ、平然と no problem と言い放つ。You are welcome., It is OK., I see. などの意味で使える便利な表現。

訳》

アリ：すみません、私は東京本社から来ましたアリ・コダマです。クマールさんにお
会いしたいのですが。

受付：少々お待ちください、コダマさん。確認しますので。［電話で］もしもし、ク
マールさん。ソニアです。東京から男性がクマールさんにお会いしたいとお見えで
す。わかりました、はい、はい、はい。そのように伝えます。［アリのほうを向いて］
いま来るそうです。

アリ：ありがとう。

受付：どういたしまして。もうすぐここで働くのですね。私の名前はソニアです。そ
ちらの椅子にお掛けになって、クマールさんをお待ちください。

Scene 2

Mr Kumar is coming to the receptionist.

クマール氏が受付にやってきます。

Mr Kumar : Helloooooo! Namaskar! Welcome to India!

Ari : Hello, Mr Kumar. I am Ari. Very nice to meet you.

Mr Kumar : I received your bio data ① from Tokyo headquarters,
and was amazed to know that you are an expert on business
management and know good Hindi as well. I really have been
looking forward to meeting you.

Ari : My Hindi is not so good as my English actually. So, when I talk
about business, I will use English.

Mr Kumar : But I want to speak with you in Hindi sometimes since
I am a Hindi speaker. It is great that foreigners are learning our
language, Hindi. According to your bio data you are single, aren't
you?

Ari : Yes, I am.

Mr Kumar : Do you have any plans to get married? If no, shall I
introduce a good Indian girl? I can arrange it.

Ari : Well, I have a girlfriend in Japan. Probably I will marry her when I go back to Japan.

Mr Kumar : In case your girlfriend cannot wait for you, ...

Ari : No problem. She can.

Mr Kumar : Do you have her photo?

Ari : Yes, I do. But I left it at the hotel.

Mr Kumar : In Japan were you living with your parents?

Ari : Yes I was.

Mr Kumar : Do you have any brothers or sisters?

Ari : Yes I have an elder brother.

Mr Kumar : All of them must be missing you.

otes ──

① bio data「履歴書」

　　インド英語で多用する語。

訳 》

クマール氏：こんにちはー！　こんにちは！　ようこそインドへ！

アリ：こんにちは、クマールさん。私はアリです。お会いできてとてもうれしいです。

クマール氏：東京本社からあなたの履歴書は受け取っています。経営学がご専門でヒンディー語もお上手だとのことで、驚いておりました。お会いするのをほんとうに楽しみにしていたんですよ。

アリ：私のヒンディー語は英語ほどではありません。ですから、仕事の話をするときは英語を使いますよ。

クマール氏：でも、私の母語はヒンディー語なので、ときどきあなたとヒンディー語で話したいね。外国人が私たちの言葉であるヒンディー語を学んでいるとは、すばらしいことじゃないですか。履歴書によると、あなたは独身ですね？

アリ：はい、そうです。

クマール氏：結婚の予定はありますか？　もしないのであれば、インドのすてきな女性を紹介しましょうか？　お世話しますよ。

アリ：えーっと、私には日本に彼女がいます。たぶん、日本へ帰任したら彼女と結婚
　　　すると思います。

クマール氏：彼女はあなたのことを待てない可能性も……。

アリ：大丈夫です。彼女は待てますから。

クマール氏：彼女の写真を持っていますか？

アリ：はい。でも、ホテルに置いてきてしまいました。

クマール氏：日本では、ご両親と一緒にお住まいでしたか？

アリ：はい。

クマール氏：ご兄弟、ご姉妹はいらっしゃいます？

アリ：兄がいます。

クマール氏：ご家族はあなたがいなくて寂しいに違いありません。

家族や結婚の話をしたがるインド人

　家族を大事にし、結婚を人生の重要な節目と考えるインド人は、欧米的には personal とされ避けられがちな話題でも、ずけずけと尋ねてくる。結婚しているか、結婚の予定、子どものあるなし、家族構成も彼らの関心事で、こちらが独身だと知ると、本気で相手を探してやると言ってくることも多い。不快さを正直に表して、そういう話をしないのもひとつのやり方だが、逆にこちらからそういう話題をすると、インド人は喜んで話に乗ってくるだろう。筆者自身独身だが、はじめて留学した 20 代のときから現在に至るまで、冗談も交えて、結婚の話をする。すると、10 人中 9 人のインド人は私に結婚相手の世話をしようかと言うのだ（いい歳になったいまでもそういう話をされる）。親しいインド人は、冗談ではなく本気で世話をしようと考えてくれている。結婚以外にも、親や家族の話などをすると、インド人は親思いで家族思いなので、真剣に感動してくれる。親の話をしみじみすると、涙ぐむインド人もいるほどだ。子どものいる人は、話し相手のインド人に子どもがいるなら、子どもの自慢話をしてみよう。相手も喜んで自分の子ども自慢をするはずだ。

Scene 3

Mr Kumar shows Ari around the office.

クマール氏が、アリに会社を案内してくれます。

Mr Kumar : Now I will show you around your office and the floor our company is using.

Ari : Sure. Is my office different from the others'? Why is it?

Mr Kumar : You are a manager here. You are supposed to work in an individual office.

Ari : I am too young to be a manager. My career in Japan is just six years.

Mr Kumar : But the company decided so. Didn't you hear anything about it in Japan before coming to India? Generally, Japanese employees sent from Japan are expected to work as a manager or a director. Most Indians employed in India are working as clerks or in junior positions. Just some of us can work in managerial positions.

Ari : I am shocked to hear that. I'm becoming nervous.

Mr Kumar : But our company is Japanese, isn't it? So, Japanese employees get better salary and better positions. If you are a Japanese employee, even a young man like you will be given a full-furnished apartment with a maid-cum-cook ① and a company car with a driver.

Ari : I can't believe it.

Mr Kumar : [*Showing Ari his office*] Anyway, this is your office. It may be smaller than you have expected. A technical staff will bring and set up a new computer tomorrow. And [*showing the floor next to Ari's office*] this is the floor of our company. We have 15 staff members. Two of them, Yuki and Ayaka, are Japanese staff members employed in India. [*Waving his hand*] Hi, Yuki, Ayaka! They had

been studying at universities in India. They were employed by us
just after they finished the courses here. The other 13 are all Indian.
Today, some of them are on leave. So I will formally introduce them
to you tomorrow the first thing in the morning.

Ari : Where do you work, Mr Kumar?

Mr Kumar : In an office next to you. Our boss, Mr Yoshikawa is now on
a business trip to Bangalore. He is coming back tonight.

Ari : I know Mr Yoshikawa. I met and talked with him in Japan.

Mr Kumar : He strongly recommended you as a new Japanese staff
member in Delhi. He says he likes your character.

Ⓝotes

① a maid-cum-cook「メード兼コック」

　〜 -cum-... は「〜兼…」の意味のラテン語で、標準的な英語でも時折使われるが、
インドでは非常によく使われる。

訳 》

クマール氏：では、あなたのオフィスと会社が使っているフロアを案内しましょう。

アリ：はい。私のオフィスは他の人たちのオフィスと別なのですか？　どうしてです
か？

クマール氏：あなたはここでは管理職です。管理職のあなたは個室のオフィスで執務
することになっています。

アリ：私は管理職になるには若すぎます。日本でのキャリアはたった６年ですし。

クマール氏：そう言われますが、これは会社が決めたことです。インド赴任前に、日
本で何も聞いてこなかったのですか？　一般的に、日本から赴任する日本人社員は
管理職か、取締役として働くことになっています。ほとんどのインド人社員は事務
員あるいは日本人よりも下のポジションで働いています。なかには、管理職のポス
トに就くインド人もおりますが、多くはいません。

アリ：お話を聞いてびっくりしています。なんだか不安になってきました。

クマール氏：でも、この会社は日本の会社ですからね？　だから、日本人の社員はイ

ンド人よりも給料も職位も上なのです。日本人の社員なら、たとえあなたのように若くても、家具付きの、メード兼コックがいるマンションに住み、運転手付き社用車が供与されるのです。

アリ:信じられません。

クマール氏:［アリのオフィスを見せながら］ところで、ここがあなたのオフィスです。想像していたより小さいかもしれませんが。明日、技術担当者が新しいコンピューターを持ってきてセットアップします。そして［アリのオフィスの隣のフロアを指示し］ここが私たちの会社のフロアです。15 名のスタッフがいます。そこのふたりのユキとアヤカは現地採用の日本人スタッフです。［ユキとアヤカに手を振って］ハーイ、ユキ、アヤカ！　ふたりともインドの大学に留学していましたが、卒業後、私たちが採用したのです。他の 13 名は全員インド人です。今日は何人か休暇で出社しておりません。ですから、明日の朝一番に正式にスタッフを紹介します。

アリ:あなたのオフィスはどこですか、クマールさん？

クマール氏:あなたのオフィスの隣ですよ。私たちの上司、ヨシカワさんはいま、バンガロールに出張中です。ヨシカワさんは今晩戻ってきます。

アリ:ヨシカワさんは知っています。日本でお会いしてお話ししたことがあります。

クマール氏:ヨシカワさんは、デリーでの新しい日本人スタッフとして、あなたのことを強く推薦していました。あなたの性格を気に入っているそうですよ。

日本人のインド赴任

　日本の会社からインド支社やインド工場へ派遣される場合、日本国内ではヒラ社員でも、インドではそこそこのポストに就かされることが多いようである。インドに留学したことのある人ならともかく、普通の日本人にとってインドでの生活は非常に大変である。そのため、多くの場合、会社が借り上げている一戸建てやフラット（マンション）に、会社がずっと雇っている使用人を引き継いで、住むことになる。また、インドの交通事情は悪く、事故を起こしたり巻き込まれたりするのを避けるため、会社の車に運転手を付け、送迎させる場合が多いようだ。多くの会社ではインド赴任の大変さを考慮して非常に手厚い hardship 手当を支給している。

　インドで働く日本人で、インド人を見下す人を時折見かける。たしかに、会

社のために働くという意識が低い人もいるが、日系企業で働くインド人は、一般的に、日本人社員よりも経営学や経済学の専門知識があり、英語力も相当高い。組織人としてのポテンシャルは日本人には及ばないが、インドでの厳しい競争を生き抜いてきた高学歴のインド人には、個人としては、かなりの知識や能力がある。インドの社会や文化、インド人の特性を、インド人の立場に立ってよく理解し、コミュニケーションしていけば、日本人社員とインド人社員の双方のよさが活かされるだろう。

9 仕事初日
First Day at Work

Scene 1

In a morning meeting, Mr Yoshikawa and Mr Kumar introduce Ari to the staff at the office.

朝の会議で、ヨシカワ氏とクマール氏がアリを会社のスタッフに紹介します。

Mr Yoshikawa : Good morning, everyone. Let me introduce our new young colleague, Mr Ari Kodama to you. Ari is very hardworking and is regarded as one of the key persons who, we believe, will make our company more prosperous.

Mr Kumar : Ari is still young and what is more, he is single! And he speaks not only good English but Hindi as well. Let us give him a warm welcome hand!

Ari : Namaskar, <u>main aap logon se mil kar bahut khush hun.</u> ①

Employee : Wah, wah, very good Hindi, very <u>acchi Hindi.</u> ②

Sneetha (young Indian girl) : Wow, he is handsome. Marry me and take me to Japan!

Renu (Sneetha's friend) : Do not embarrass him.

Notes

① main aap logon se mil kar bahut khush hun [メィン アープ ローゴン セ ミ ルカル バフット フッシュ フーン] ヒンディー語 「あなた方に会えてたいへんうれ しい」

② acchi Hindi ［アッチー ヒンディー］ ヒンディー語 「いいヒンディー語」
accha「よい」が女性名詞の Hindi に合わせて acchi と活用している。

訳》

ヨシカワ氏：おはようございます、みなさん。私たちの新しい、若き同僚を紹介します。アリ・コダマ君です。アリ君はとても勤勉で、わが社のさらなる発展のキーマンのひとりになるに違いない人材です。

クマール氏：アリ君はまだ若く、そしてなんと、独身です！　そして、英語だけではなくヒンディー語も堪能です。彼にあたたかい歓迎の拍手を！

アリ：［ヒンディー語で］こんにちは。皆様に会えてたいへん光栄です。

社員：すごい、すごい、とても上手なヒンディー語！　ヒンディー語がとてもお上手！

スニータ(若いインドの女の子)：わぁ、かっこいい。私と結婚して日本に連れて行って！

レヌー（スニータの友達）：からかっちゃダメ。

Scene 2

Track 21

At the lunchtime, Ari goes out of his office and talks to some of the younger Indian staff.

昼食時。アリはオフィスを出て、若いインド人のスタッフに話しかけます。

Ari : Excuse me, but are there any good restaurants for lunch near the company?

Prakash (Clerk) : There are many. Ari ji, would you like to go to a burger shop with us? The food there is very tasty. It is also cheap and best. ①
Anyway, I am Prakash.

Ari : "Cheap and best" sounds nice. Accha, let us go there.

Sneetha : Ari ji, I'm Sneetha. This is Renu, my friend. You said "accha"? That burger shop is also "accha hai." ② To ③ chalen, ④ Ari ji.

Notes

① cheap and best 「安くて、よい」
　　インド人の大好きなフレーズ。
② ... accha hai [～アッチャー ハェ] ヒンディー語 「～はよいです」
③ to [ト] ヒンディー語 「それでは」「では」
④ chalen [チャレン] ヒンディー語 「行きましょう」

訳 ≫

アリ：すみません、会社の近くにランチのおいしいレストランはありませんか？
プラカーシュ（事務員）：たくさんありますよ。アリさん、私たちと一緒にバーガー
　　ショップに行きませんか？　そこの食べ物はとてもおいしいのです。それに、安く
　　ておいしいのです。あ、私はプラカーシュです。
アリ：安くておいしいとは、いいですね。では、そこに行きましょう。
スニータ：アリさん、私はスニータです。こちらは私の友達のレヌです。あなたは
　　"accha"（よい）と言いましたね？　そのバーガーショップもまた "accha" ですよ。
　　さあ、行きましょう、アリさん。

Scene 3

Track 22

At the burger shop.

バーガーショップで

Ari : Oh, this is an Indian burger shop. The menu here is quite different
　　from the ones in Japan.
Sneetha : Yeah, "Wimpy" is one of the oldest and best burger shops in
　　India. What would you have, Ari ji?
Ari : I have no idea. What do you recommend, Sneetha ji?
Sneetha : If you like nonveg dishes, how about trying a mutton burger?
Ari : What do you mean by "nonveg"?
Sneetha : It means "nonvegetarian", or a meat dish.

76

Ari : I see. Then I will try a mutton burger.

Renu : Sneetha and I will have vegetable burgers.

Prakash : I'll have a Spicy Chicken Burger.

Ari : Ladies and gentlemen, let me pay for your refreshments.

Everyone : Thank you, boss ji! ① Let us go to an Indian restaurant, next time.

Ari : Bahut accha. ②

Notes

① boss ji「ボス様」「上役様」

　ヒンディー語の ji［ジー］（「〜さん」「〜様」）は名前にも職名にも、呼びかけ語にも付けることができる。

② bahut accha［バフット アッチャー］

　very good の意味のヒンディー語。

訳 》

アリ：おぉ、このバーガーショップは（外国資本ではなく）インドのバーガーショップなんですね。ここのメニューは日本とはまったく違います。

スニータ：はい、"Wimpy" はインドでいちばん古くて、いちばんおいしいバーガーショップのひとつです。何にしますか、アリさん？

アリ：どうしようかな。何かおすすめはありますか、スニータさん？

スニータ：nonveg 料理がお好きなら、マトンバーガーに挑戦したらいかがでしょう？

アリ："nonveg" とはどういう意味ですか？

スニータ：「ベジタリアンではない」、つまり肉料理という意味です。

アリ：なるほど。では、マトンバーガーを食べてみます。

レヌ：スニータと私はベジタブルバーガーを食べます。

プラカーシュ：私はスパイシーチキンバーガーにします。

アリ：みなさん、ここの食事は私に払わせてください。

みんな：ありがとうございます、ボス様！　次はインド料理店に行きましょう。

アリ：そうですね。

インド（人）理解の難しさ

　インド人と日本人の間には、大きな壁がある。第一に、文化の違い、第二に、言語の壁である。文化の違いはインドに長く住めば簡単に越えられそうだが、意外と越えにくいもので、いくら知っても、いくら勉強しても、一生、越えられないと思うこともあるほどだ。それに対して、言語の壁は、一見高そうだが、努力に比例して低くなるので、文化の違いほど壁は高くないと筆者は考えている。日本人はインド人（外国人）に日本語がわかってたまるかと、その一方で、インド人は日本人（外国人）にインドの言語がわかってたまるかと、心の奥底で考えている節がある。だからこそ、逆に、日本人がインドの言語を、インド人が日本語を話すと、少々下手でも喜ばれるのだろう。文化と言語の壁が少し低くなったときに、会社の同僚という立場を超えた、真のインド人の友人ができると思う。

日系企業への雇用

　日本企業のインド支社には、日本語のできるインド人が雇用されていることもあるが、日本語ができなくても業務に関する専門知識やスキルをもった人が採用されている。日本とインドの言語や習慣のギャップを埋めるため、日本語ができるインド人よりも、インドに留学していた日本人を現地で採用するケースが増えてきている。彼らには、日本から派遣されてくる日本人社員とインド人のコミュニケーションの仲介者、それに日本人社員（ときには本社等の経営陣）へのインド社会・文化の説明者としての役割が期待されている。外国人がインドでビジネスをするときの媒体は概ね英語である。英語力が高い人ほど、インド人の英語の特徴を見抜き、それらの特徴を利用して能率よくインド人とコミュニケーションできるようになるだろう。

会議
Meeting

Track
23

At a meeting. Someone seems to be missing.

ミーティングの時間ですが、まだ来ていない人がいるようです。

Mr Yoshikawa : Ladies and gentlemen, I want to start the meeting now. Is everyone here?

Mr Kumar : Prakash hasn't come yet. He is always late for the meetings.

Mr Yoshikawa : It's a big headache. He is a minute-taker. Could anybody volunteer to take the minutes of the meeting?

Ari : I will.

Mr Yoshikawa : But you are new and, besides, the meeting is all in English.

Ari : No problem, Mr Yoshikawa. I studied at a university in the US for one year as an exchange student while I was at college. In addition, I joined a two-month internship programme at a Japanese company in Singapore where I sometimes took minutes for meetings. So I have no trouble taking minutes in English.

Mr Yoshikawa : I'm very glad to hear that. But you are a manager here. You have to let one of the junior staff do minor duties such as minute-taking.

Renu : Sir, I will take the minutes until Prakash comes.

Mr Yoshikawa : Thank you, Renu. Please do it. Now without Prakash let us start the meeting with the first agenda item: "The survey about products attracting Indian consumers."

ヨシカワ氏：みなさん、会議を始めましょう。全員そろっていますか？

クマール氏：プラカーシュがまだ来ていません。彼はいつも会議に遅刻します。

ヨシカワ氏：プラカーシュにも困ったな。彼は議事録係なのに。だれか代わりに議事録をとってくれませんか？

アリ：私がやりましょう。

ヨシカワ氏：しかし、あなたは新任で、そのうえ、会議はすべて英語ですよ。

アリ：大丈夫です、ヨシカワさん。私は大学生のときに交換留学生として一年間アメリカの大学で勉強していました。それに、シンガポールの日系企業での2カ月のインターンシップでときどき、議事録をとっていました。だから、英語で議事録をとることに何の問題もありません。

ヨシカワ氏：それは安心だ。でも、あなたはここでは管理職です。議事録をとるような軽い仕事は部下に任せなければいけません。

レヌ：取締役、プラカーシュが来るまで、私が議事録をとります。

ヨシカワ氏：ありがとう、レヌ。では、お願いします。では、プラカーシュは欠席のまま、会議を始めましょう。最初の審議事項は「インドの消費者を惹きつける製品に関するアンケート調査」です。

トラブル処理

Handling Troubles

Track 24

Scene 1

One day Ari received a phone call. The caller is complaining about why his company could not have a contract with Ari's company.

ある日、アリに電話がありました。自分の会社がアリの会社と契約できなかった理由を問う苦情電話です。

Ari : Hello, Kisuzu Motors. I am a sales manager Mr Ari Kodama.

Caller : I am Anil Khanna, a sales manager of Raj Car Parts. Today I want to ask you why your company did not choose our company as a supplier of engine parts.

Ari : I am new here. I do not know about the issue you are talking about. Can I talk with my boss and colleagues and call you back later to explain it?

Caller : Why don't you know anything about it? This is an issue with your company. Answer now.

Ari : As I told you, I am new here and I really know nothing about it. How can I answer what? So please let me talk with my boss and colleagues first. Please be patient and wait.

Caller : When can I get your answer?

Ari : After a couple of hours, I hope. At the latest, tomorrow morning.

Caller : Accha, then I will wait for your call.

訳 ▶

アリ：もしもし、キスズモーターズです。私は販売課長のアリ・コダマです。

電話をかけた人：私はアニル・カンナと申します、ラージ自動車部品の販売課長です。本日は、わが社をエンジン部品の納入業者として選んでくださらなかった理由をお聞きしたくお電話いたしました。

アリ：私はまだここに来たばかりで、あなたが話されている事案について知りません。上司や同僚と相談して、後ほど、こちらからお電話して説明させていただいてもよろしいですか？

電話をかけた人：なぜ、この事案について何も知らないのですか？　これはあなたの会社の事案でしょう。いますぐ答えてください。

アリ：お話したように、ここに来たばかりで、ほんとうに何も知らないのです。ですから、何をどのように答えることができましょうか？　そういうわけで、とりあえず、上司や同僚と相談させてください。なにとぞご辛抱ください。

電話をかけた人：いつ回答をいただけますか？

アリ：2, 3時間後には回答できると思います。どんなに遅くとも明日の午前までにはご回答します。

電話をかけた人：わかりました、ではあなたの電話をお待ちしましょう。

Scene 2

Track
25

Ari goes to Mr Yoshikawa and Mr Kumar to ask about the issue.

アリはヨシカワ氏とクマール氏のもとへ行き、電話での苦情の事案について相談します。

Mr Kumar : Which company is complaining?

Ari : It is Raj Car Parts. The name of the person who called me was Mr Anil Khanna.

Mr Kumar : Oh, Anil? He is very much short-tempered.

Mr Yoshikawa : We choose suppliers based on the documents they submit and how credible they are as our partners. I remember there were some miscalculations in their documents. Besides, their

82

company is very new and has not yet contracted with any Japanese
companies.

Ari : Can I tell them what you told me as it is? I guess we can point out
their miscalculations in their documents, but how about that their
company is new?

Mr Kumar : You can tell them only about the miscalculations. That is
enough. If the guy gets angry, I will talk with him. No worries. No
problem.

訳 〉

クマール氏：どの会社からの苦情ですか？

アリ：ラージ自動車部品からです。電話をかけてきた人はアニル・カンナさんです。

クマール氏：えっ、アニル？　彼はひどく短気だからな。

ヨシカワ氏：私たちは業者が提出した書類にもとづいて、それに、私たちのパートナー
として信用できるかどうかで業者を選んでいるのです。たしか、アニルの会社の書
類には計算ミスがあったよね。それに、アニルの会社はまだ新しくて、まだ日本企
業と契約したことがないのですよ。

アリ：いまお話ししたことをそのまま伝えてもいいですか？　思うに、書類の計算ミ
スは指摘できますが、彼の会社が新しいからというのはどうでしょうか？

クマール氏：計算ミスのことだけ伝えてくれれば、十分です。もしアニルが怒ったら、
私が彼と話します。心配ない、大丈夫。

インド人のダメモト精神

　インド人はダメで元々の精神で交渉してくるので、正当な理由を言えば、意外と簡単に引き下がる。逆に、こちらの理由が明確でない場合や、理由を理解できない場合は、理屈をこねて粘り、簡単には引き下がらない。特に、こちらの押しが弱い場合、日本人にとっての「屁」理屈をこねてくることもある。インド人は理屈で負けたり、説明に納得したりすると、引き下がるが、それで油断してはいけない。なかなか、転んでもただでは起きないのである。また、インド人は切り替えが早く、ある事案がダメであれば、また別の事案を持ち出して粘ってくることもある。フェアでないやり方だが、少々脅して交渉することもときには効果的だ。

　数千年の間、陸路海路を通して国内外の多様な出自の商人たちと取引してきたインド人は、海千山千の tough negotiators である。インド人の粘り強さとしつこさ（と図々しさ）は生半可ではない。インド人は損得に敏くて、印僑が商売上手なのもうなずける。優秀なインド人には、欧米企業へ就職して、成功する人が少なくない。厳しい競争で鍛えられた頭脳、語学力、多様なインド社会で培われた多文化対応力、コミュニケーションに物怖じしない精神的タフさ、インド国内のさまざまな非効率性や不便さによって醸成されたダメモト精神など、現在の日本人に欠けている強かさをもっている。現に、欧米企業では多くのインド人を採用し、インド人の経営者や専門職が活躍している。その反面、インド人は（欧米の人もそうだが）、集団プレー、協調性、察しの文化、出る杭にならないよう常識的な言動をするなどの点では、日本人には到底かなわない。グローバル化がさらに進むこれから、どちらのタイプのほうがいいのか、難しいところである。

12 アドバイスを求める
Asking for Advice

Ari asks Sneetha about sending a letter to Japan.

アリはスニータに、日本へ手紙を送ることについて尋ねます。

Ari : Sneetha, could you please tell me how to send a letter to Japan?

Sneetha : Oh, Japan is an advanced country, but you still use real mail?

Ari : Yeah, when we send letters to somebody important, like family members, sweethearts, some of us still write to them by hand.

Sneetha : Are you going to write a letter to your girlfriend?

Ari : Ah,... yes.

Sneetha : <u>You do one thing.</u> ① Write a letter and the address of your girlfriend in Japanese as you do in Japan. Then just add "JAPAN" and "Air Mail" in English on the envelope.

Ari : Will the letter surely go to my girlfriend?

Sneetha : Yes, it surely will.

Ari : Really?

Sneetha : Just think. When a postman in India reads "JAPAN" and "Air Mail" on the envelope of your letter, he thinks he will have to dispatch it to Japan. After your letter is sent to a post office in Japan, a postman in Japan will read the address and the name of your girlfriend written in Japanese, and deliver the letter to the address, <u>hai na?</u> ②

Ari : Accha... I see. What you say makes sense. You are smart. Thank you. Incidentally, how can I get to the post office? Actually this is more important.

Sneetha : <u>Uff.</u> ③ Then shall I go to the post office with you after work today?

Ari : Thank you. That is what I have expected.

Sneetha : [*whispering*] Why do I have to waste my private time for you and your girlfriend?

Ari : What did you say, Sneetha ji?

Sneetha : Nothing. I just sighed. Instead, buy me a chocolate shake on the way.

Notes ────────────────────────────────────●

① You do one thing. 「これをしたらいい」
　　指示や命令の前によく言うことば。

② ..., hai na? [～ハェ ナ]「～ですね」

② uff [ウッフ]「うへぇ」
　　不快感を表す。

訳 》

アリ：スニータさん、日本にどうやって手紙を送ったらいいのか教えてくれませんか？

スニータ：えっ、日本は先進国なのに、まだ紙の手紙を使うんですか？

アリ：はい、大切な人、たとえば家族とか恋人などには、まだ手書きの紙の手紙を送る人もいます。

スニータ：彼女に手紙を書くのですか？

アリ：まあ、そうです。

スニータ：こうすればいいのです。日本でやっているように、手紙を書いて、日本語であなたの彼女の住所を書く。そして封筒に "JAPAN" と "Air Mail" を英語で書き加えるだけです。

アリ：ほんとうにその手紙で彼女のところに届きますかね？

スニータ：はい、届きます。

アリ：ほんとうに？

スニータ：ちょっと考えてみなさいな。インドで郵便局員があなたの封筒の"JAPAN"
と "Air Mail" の文字を読んだら、その人はそれを日本に送らなければ、と思うで
しょう。あなたの手紙が日本の郵便局に届いたら、日本の郵便局員が日本語で書か
れた彼女の住所と名前を読んで、その住所へ手紙を届けます。ですよね？

アリ：ほおう、なあるほど。あなたの言うことは筋が通っている。頭がいいですね。
ありがとう。ところで、郵便局にはどう行けばいいんですか？　実際、こちらのほ
うが大切ですね。

スニータ：うへぇ！　じゃあ、今日、仕事が終わったら郵便局に一緒に行きましょうか？

アリ：ありがとうございます。それを期待していたんです。

スニータ：［ひそひそ声で］なんで、あなたとあなたの彼女のために、自分の時間を
使わなきゃいけないのよ？

アリ：何か言いましたか、スニータさん？

スニータ：何も。ため息をついただけです。その代わりに、郵便局に行く途中でチョ
コレートシェイクを買ってくださいね。

13 ホームパーティーに招かれる

Party Invitation

Scene 1

Track 27

Mr Yoshikawa invites everyone to his house for a party.

ヨシカワ氏が自宅でのパーティーにみんなを招待します。

Mr Yoshikawa : Everybody, I would like to cordially invite all of you to my house for a Japanese-cum-Indian style ① dinner on Friday next week. If you cannot come, kindly ② tell me at the latest by Wednesday next week. I have to tell my wife how many of you are coming.

Sneetha : Will there be pure vegetarian dishes?

Mr Yoshikawa : Of course, we will offer you both veg and nonveg dishes in both Japanese and Indian styles. My wife is a very good cook. Actually, I've never been bored of food she cooks since we got married. She has been learning to cook Indian cuisine since she came here with me. Before she came to India, she was teaching Japanese cooking in Japan.

Sneetha : That sounds great. I won't miss the party.

Ari : Mr Yoshikawa, you mentioned that it is a Japanese-cum-Indian style dinner. Can I expect to eat sushi there? I have been missing sushi since I came here.

Mr Yoshikawa : Yes, of course. I bought a lot of Japanese and Indian ingredients for this party. Most Japanese ingredients were imported from Singapore. I bought Uni — sea urchin, Ikura — salmon's roes seasoned by soy sauce, tuna, Unagi eel, ...

Ari : That sounds yummy!

Mr Yoshikawa : We'll offer some beer, wine, whiskey and cocktail. If

.

88

you drink, please come by taxi. I will hire a van to take you home
on the way back. If you come by company cars, please do not drive
yourselves, but let your drivers drive.

 otes

① Japanese-cum-Indian style「日本式兼インド式の」
　　cum は「〜兼…」の意味でインドでは多用する。
② kindly
　　インドでは please の代わりに動詞の前に付けることが多い。

訳 》

ヨシカワ氏：みなさん、来週の金曜日に日本兼インド式の夕食会をわが家で開催しま
　　すので、心よりみなさんをご招待します。不参加の場合、遅くとも来週の水曜日ま
　　でに私にお伝えください。何人来るのか妻に伝えなければいけないので。

スニータ：100% 野菜の料理はありますか？

ヨシカワ氏：もちろん。野菜料理も肉料理も、日本式とインド式の両方のスタイルで
　　用意します。私の妻はとても料理が上手なのです。実際、結婚してから、一度も妻
　　が作る料理に飽きたことがありません。私と一緒にインドに来てからは、妻はイン
　　ド料理を学んでいます。インドに来るまでは、妻は日本で日本料理の先生をしてい
　　ました。

スニータ：すばらしいですね。絶対、パーティーに行きます。

アリ：ヨシカワさん、先ほど日本兼インド式の夕食だとおっしゃいましたよね。お
　　寿司は出していただけますか？　インドに来てから、寿司が食べたくてしかたがな
　　かったもので。

ヨシカワ氏：はい、もちろんです。このパーティーのために、日本の食材もインドの食
　　材もたくさん買いました。日本食材はほとんどシンガポールから輸入しました。ウニ
　　やイクラ、というのは鮭の卵のしょうゆ漬けですが、マグロやウナギなどなど……。

アリ：聞くからによだれが出そう！

ヨシカワ氏：ビールやワイン、ウイスキーやカクテルもお出しします。お酒を飲みた
　　い人はタクシーで来てください。帰りはバンを借りるので、みなさんをお家までお
　　送りします。会社の車で来る場合は自分で運転せず、運転手に運転させるように。

Scene 2

Ari asks Sneetha what to bring for Mr Yoshikawa's party.

アリはスニータにヨシカワ氏のパーティーに何を持っていったらいいのか尋ねます。

Ari : What do you think I should bring for Mr Yoshikawa's party?

Sneetha : Don't ask me that question. You are invited by your compatriot. You should know better about it.

Ari : But I would like to follow the Indian way this time. As the saying goes, when in India do as Indians do. ①

Sneetha : I will bring a bottle of wine. Mr Yoshikawa likes wine. These days, among middle class Indians wine is very popular. If he has kids, I may bring some sweets or snacks. But Mr Yoshikawa has no kids.

Ari : Accha... I see. I will completely follow your advice. When you go out and buy wine, let us go together. I will buy a different kind of wine from the one you buy.

Sneetha : Are, ② Ari ji, you want to come with me again? Why?

Ari : Just because I ...

Sneetha : Because what?

Ari : I can't say. Someday I will tell you.

Sneetha : Oooooof! ③

otes

① when in India do as Indians do

When in Rome, do as Romans do. 「郷に入っては郷に従え」のもじり。

② are［アレ］「あれえ」
　　驚きを表す。
③ oof［ウーフ］「うへえ」=uff.
　　不快を表すヒンディー語の間投詞。

訳 ≫

アリ：ヨシカワさんのパーティーに私は何を持っていけばいいと思いますか？

スニータ：私に聞きますか？　あなたは同胞（同じ国の人）に招待されたのですよ。日本人のあなたのほうがよく知っているはずです。

アリ：しかし、今回はインド方式でいこうと思ったのです。ことわざにもあるように、インドに入ればインド人に従えって。

スニータ：私はワインを一本持っていくつもりです。ヨシカワさんはワインがお好きですから。最近、中流階級のインド人のあいだで、ワインはとても人気です。もし、お子さんがいらっしゃるなら、甘いお菓子やスナックを持っていきますが。ヨシカワさんにはお子さんがないので。

アリ：ふむ、なるほど。あなたのアドバイスに 100% 従うことにします。あなたがワインを買いに行くとき、一緒に行きましょう。私はあなたとは違う種類のワインを買います。

スニータ：あれえ、アリさん、またまた私と一緒に行きたいのですか？　どうして？

アリ：えっと、それは……。

スニータ：なんでですか？

アリ：言えません。またの機会にお話します。

スニータ：うへえ！

14 パーティーで
At the Party

Scene 1

Track
29

At Mr Yoshikawa's party

ヨシカワ家でのパーティーで

Mr Yoshikawa : I know Indians start the party with liquor and snacks. You Indians eat food later. But this time, let me do it in the Japanese way. We start the dinner with a toast and soon start eating. Don't you think it is economical? We do not have to waste any time. Anyway, accha, let us start. Does everybody have a glass? Cheers! Kampai! For your health and our company's success!

Everybody : Cheers. <u>Jai Hind, jai Japan. Jai Kisuzu Morters.</u> ①

Ari : This tuna sushi is perfect. How did you make it, Mr Yoshikawa?

Mr Yoshikawa : To tell you the truth, a machine made it.

Ari : A machine?

Mr Yoshikawa : I bought a sushi-making machine in Japan and brought it here.

Sneetha : This <u>aloo gobhi</u> ② is incredibly tasty. Mrs Yoshikawa, how did you cook it? Can I have a recipe for that?

Mrs Yoshikawa : Ah, ... Actually, I just supervised Indian cooks and let them make it. The cooks we hire are professional. They are working for a five-star hotel near Connaught Place. The only Indian dishes I cook with my hands are <u>pakora</u> ③ and <u>butter chicken.</u> ④

92

otes ————————————————————————————————————●

① jai ... [ジャイ〜] ヒンディー語 「〜万歳」
　愛国心を表す表現で、ヒンディー語にかぎらずほとんどのインド言語で用いる表現。放送の終わりや、スピーチの終わりの締めのことばとしてよく耳にする。

② aloo gobhi [アールー ゴービー] ヒンディー語 「イモとカリフラワーのカレー」
　ドライな（汁気のない）カレーである 。

③ pakora [パコーラー] ヒンディー語 「インド式てんぷら」

④ butter chicken 「バターチキン」
　ヨーグルトやスパイスにつけて寝かせたチキンをあぶり焼きし、それをバターがたっぷり入ったカレーで煮た料理。

訳》

ヨシカワ氏：インド人はお酒とスナックでパーティーを始めますね。その後、しっかりと食事をします。しかし、今回は日本式でやらせてください。乾杯とともに夕食を始め、すぐに食事をとるのです。このほうが無駄がないと思いませんか？　時間を無駄にする必要はありません。とにかく、まあ、始めましょう。みなさん、グラスをお持ちでしょうか？　乾杯！　乾杯！　みなさんの健康と会社の発展を祈って！

みんな：乾杯。インド万歳、日本万歳、キスズモーターズ万歳。

アリ：このマグロの寿司は完璧です。どのように作ったのですか、ヨシカワさん？

ヨシカワ氏：実を言うと、機械で作ったのです。

アリ：機械？

ヨシカワ氏：日本でにぎり寿司マシンを買って、インドに持ってきたのです。

スニータ：このアールー・ゴービーはほんとうにおいしいです。奥様、どうやって作られたのですか？　レシピをいただけませんか？

ヨシカワ夫人：あぁ、実のところ、インド人の料理人に指示して作らせたの。私たちが雇っている料理人はプロなんですよ。彼らはコンノートプレース近くの５つ星ホテルのレストランで働いているのです。私が手ずから作ったインド料理は、パコーラーとバターチキンだけです。

Scene 2

Mr Kumar makes an announcement about another party.

クマールさんがまた別のパーティーについてお知らせをします。

Mr Kumar : Ladies and gentlemen, I would like to announce another eating-veating, ① talking-shalking ② party on this happiest occasion. My daughter Radha has just engaged with a young boy working for PepsiCo India. I would like to cordially invite all of you to the wedding party on a happy day of the next month. Radha is my only daughter. So I want to celebrate her wedding in an extravagant way. We will have a party at Oberoi New Delhi. Please come to the party in your best formal clothes. Then you can eat and drink to your hearts' content.

Ari : Are you going to give dowry ③ to the would-be husband of your daughter?

Mr Kumar : No, my daughter's shaadi ④ is a love marriage. ⑤ And it has nothing to do with castes and dowry. Ari ji, do you expect dowry from your bride when you marry her?

Ari : No, not at all. In old days, Japan used to have the Yuino system which is the Japanese version of dowry. But many of us don't do it today.

Mr Kumar : Fortunately or unfortunately, many Indians still keep the dowry system, but some modern urban educated like us don't do that custom.

Ari : Are you going to have such a big party as we see in Bollywood films?

Mr Kumar : Yes, of course. Parties have nothing to do with caste and dowry. We celebrate the wedding with the party. We let guests enjoy it while guests celebrate the wedding. This is one of India's good traditions, correct? ⑥

otes ─────────────────────────────────●

① eating-veating= eating.

後半の veating には意味はなく、語呂合わせで使っている。

② talking-shalking

後半の shalking には特に意味はなく語呂合わせで使っている。

③ dowry「結婚時の花嫁側からの持参金品」

④ shaadi［シャーディー］ ヒンディー語 「結婚」

⑤ love marriage「恋愛結婚」

標準的な英語でよく用いる love match はほとんど使わず、love marriage と言う。

参考 arranged marriage

⑥ ..., correct?「～ですね？」

付加疑問的に用いる。 参考 ..., no?/ ..., isn't it?/ ..., hai na?

訳 ≫

クマール氏：みなさん、この至福の時間に、食べに食べ、話すに話すまた別のパー
ティーを開催することをお知らせしたいと思います。つい先日、私の娘ラーダーが
ペプシコ・インディアで働く青年と婚約いたしました。来月のよき日に、みなさん
をその結婚披露宴に、心をこめてご招待したいと思います。ラーダーは私のひとり
娘です。ですから、彼女の結婚を豪華に祝いたいと思っています。披露宴は、オベ
ロイ・ニューデリー・ホテルで開催します。お持ちのいちばん上等でフォーマルな
服を着て、パーティーにお越しください。そして、満足いくまで食べて飲んでくだ
さい。

アリ：娘さんの旦那さんになる人にダウリー（持参金品）は渡すのですか？

クマール氏：いいえ、私の娘は恋愛結婚です。そして、カーストもダウリーも関係あ
りません。アリ君、君は結婚するとき、花嫁さんからのダウリーを望みますか？

アリ：いいえ、全然。昔は、日本にも、日本版のダウリーである結納という制度があ
りました。しかし、今日では多くの人がそういうことはしません。

クマール氏：幸か不幸か、多くのインド人がダウリーの制度をまだ続けていますが、
私たちのような近代的で教育を受けた都市部の人には、ダウリーの慣習をおこなわ
ない人も多くなりました。

アリ：クマールさん、Bollywood映画で見るような大パーティーをおこなうのですか？

クマール氏：もちろんです。パーティーはカーストやダウリーとは関係ありません。
パーティーで結婚を祝うのです。賓客が結婚を祝ってくださり、その代わりに、私

たちは賓客にパーティーを楽しんでいただく。これはインドの良俗ではありません
か、ね？

dowry について

　インドにおいて結婚は人生の重要な通過儀礼 samskara のひとつである。
特にヒンドゥー教徒にとって、四住期* ashrama の第一段階である学生期<ruby>学生期<rt>がくしょうき</rt></ruby>
brahmacharya から家庭をもつ家住期 garhasthya への過渡期にあたる。花
嫁の家庭から花婿の家庭へ贈られる金品を dowry と言う。花婿の家庭は花嫁
の家庭よりも立場が上とされ、花嫁の家庭に多額の dowry を要求することは
めずらしくない。花婿の家庭は、結婚時だけでなく結婚後も dowry を要求し
続けることもある。dowry が少ないと、花婿の家庭で花嫁がいじめられるこ
ともあり、いじめぬかれて殺される事件も起こる（dowry death）。1961 年
には dowry を禁止する法律が制定されたが、あまり守られてはいない。一方、
都市部には、no dowry や caste no bar（カーストの制限を受けない）の結
婚をさせる進歩的な家庭も増えつつある。

　　*ヒンドゥーが生涯で経過すべき 4 つの段階。師のもとでウェーダを学習する「学
　　生期」、家庭をもち子どもをもうけて家庭の祭式を主宰する「家住期」、森に隠
　　棲する「林棲期」、乞食遊行する「遊行期」の順に経過すべきとされる。

96

生活編

日本とは何から何まで違うインドでの生活。
アリには何もかもがめずらしく、
いろいろなことに興味津々です。

15 メイドさん
Meeting a Maid

Track
31

Scene 1

Mr Kumar brings Ari to his apartment, which has been rented by his company Kisuzu Motors Company. The company has employed the same maid for five years.

クマール氏はアリをキスズ自動車が借り上げているマンションへ連れてきました。
キスズ自動車は同じメイドを 5 年間雇っています。

Mr Kumar : Accha, here we are. This is your flat. ①
Ari : Wah, it is gorgeous! My apartment in Japan was not so good.
Mr Kumar : I'm glad you like it. Your flat is on the 2nd floor. ②

Mr Kumar rings the bell.

Ayesha : Hello? Kaun hai? ③
Mr Kumar : Main Kumar hoon. ④ Mere sath naye Japani sahib ae. ⑤
Ayesha : Accha, Kumar sahib. Aiye. ⑥ Come, come. ⑦
Mr Kumar : Ari, this is Ayesha.
Ari : Namaste, Ayesha ji, I'm Ari.
Ayesha : Sir, are you a Muslim?
Ari : No, I'm a Buddhist.
Ayesha : But your name sounds like Hazrat Ali, ⑧ the name of the cousin
of the Prophet, ⑨ Hazrat Muhammad. ⑩
Ari : Accha!? May I ask what you mean by Hazrat? ⑪
Ayesha : Hazrat is a Muslim honorific title for respectable persons.
Actually, Hazrat Muhammad's daughter Fatima married Hazrat Ali.

Hazrat Ali was on bad terms with his mother-in-law Ayesha, ⑫ who was Muhammad's most beloved wife.

Ari : Wow, it sounds like we will be on bad terms!

Ayesha : No problem. I will treat you like a badshah! ⑬

Notes

① flat インドでは apartment よりもイギリス英語の flat を多く用いる。

② 2nd floor「3階」

インドではイギリス英語式に ground floor「1階」、first floor「2階」、second floor「3階」となる。

③ Kaun hai?［コァォン ハエ］ ヒンディー語 「だれですか」

④ Main Kumar hoon.［マェン クマール フン］ ヒンディー語 「私はクマールです」

⑤ Mere sath naye Japani sahib ae.［メレ サート ナエー ジャパニー サーヒブ アーエ］ ヒンディー語 「私と一緒に新しい日本人の旦那が来ましたよ」

⑥ aiye［アーイエ］ ヒンディー語 「来てください」

⑦ Come, come.

インドでは「どうぞお入りください」と言うときに come を繰り返すことが多い。

⑧ Hazrat Ali［ハズラット アリー］「アリ」

4代目カリフ（カリフ（Caliph）は預言者 Muhammad の後継者）。預言者 Muhammad の娘 Fatima［ファーティマ］と結婚した。Muhammad の従弟にあたる。

⑨ the Prophet「預言者」

イスラームでは Muhammad のこと。定冠詞 the を付け固有名詞的に大文字で書き始める。

⑩ Hazrat Muhammad［ハズラット ムハンマド］「ムハンマド」

イスラームの預言者（「予言者」ではない）。英文で Muhammad に言及した後、Peace be upon Him「ムハンマドに平安あれ」と書くことが多い。Him は常に大文字で固有名詞扱いされる。Peace be upon Him は PUH と略されることがある。

⑪ Hazrat［ハズラット］偉人や聖者の名前の前に付ける称号

⑫ Ayesha［アーイシャ］「アーイシャ」

　　預言者 Muhammad の 3 番目の妻。

⑬ badshah［バードシャー］ ヒンディー語 ウルドゥー語 「皇帝」「王様」

訳》

クマール氏：さあ、着きました。これがあなたのマンションです。

アリ：わあ、豪勢だなあ。私が日本で住んでいたマンションはこんなによくなかった
　　ですよ。

クマール氏：気に入ってくれてよかった。君の部屋は 3 階だよ。

クマール氏が呼び鈴を鳴らします。

アーイシャ：はい、どなたですか。

クマール氏：クマールです。日本人の旦那をお連れしました。

アーイシャ：そうですか、クマールさん。どうぞお入りください。

クマール氏：アリ君、こちらがアーイシャさんです。

アリ：こんにちは、アーイシャさん。私はアリです。

アーイシャ：あなたはムスリムですか？

アリ：いいえ、私は仏教徒です。

アーイシャ：でも、あなたの名前が 4 代目カリフのアリと似ているので。アリは預言
　　者ムハンマドの従弟の名前でもあるのです。

アリ：そうなんですか？　Hazrat とはどういう意味でしょうか？

アーイシャ：Hazrat はイスラム教の偉人に対する称号です。ムハンマドの娘である
　　ファーティマはアリと結婚したのです。アリは、ムハンマドのいちばんの寵愛を受
　　けていた義母のアーイシャと不仲だったのですよ。

アリ：へえ、そうすると私とあなたは不仲になりそうですね！

アーイシャ：そんなことありませんよ。私はあなたを王様のようにおもてなししますす
　　から。

Scene 2

After Mr Kumar leaves, Ari talks with Ayesha about what she can do for him.

クマール氏が帰った後、アリはアーイシャが自分のために何をしてくれるのか話しています。

Ari : In India what can I expect a maid to do?

Ayesha : Ayah ① usually cleans rooms, does the washing, goes shopping, and, in my case, does the cooking. And if you like, I can do errands, too. But for extra duties like errands, give me bakhsheesh. ②

Ari : Bakhsheesh? Does it mean "a tip"?

Ayesha : Yes, sahib.

Ari : You said that you can cook for me. What can you cook?

Ayesha : Whatever. I can cook some Japanese food. Tamagoyaki, Yakitori, Okonomiyaki...

Ari : Sounds nice. I want to try them. Anyway, how about Indian food? I love Indian food.

Ayesha : You are lucky, sahib. I can cook a wide variety of dishes from Mughlai non-vegetarian cuisine ③ to South Indian vegetarian cuisine. ④ I will sometimes serve you Indian sweets.

Ari : Wah! This flat is just like an Indian restaurant!

Ayesha : Yes. Traditionally, we Muslims have a strong code of hospitality. Besides, the Indian government is promoting a campaign "Atithi Devo Bhava." ⑤ It means "the guest is god."

Ari : But I watched a Bollywood film *Atithi Tum Kab Jaoge,* ⑥ "When Will You Leave, Guest?". It was a very funny film.

Ayesha : Wah, you watched it, sahib! You know very much about India. I respect you. Anyway, Kumar sahib told me that a company driver will come to pick you up at 8:30 tomorrow morning.

otes ────────────────────────────────────●

① ayah ［アーヤ］「メイド」
　ポルトガル語起源のヒンディー語でメイドさんの意味。東南アジアでもよく用いる語。
② bakhsheesh ［バクシーシュ］ ヒンディー語 「チップ」「施し」
③ Mughlai non-vegetarian cuisine ［ムグラーイー～］「ムガル式の肉料理」
　kebab「カバーブ」、kofta「コーフター」(肉団子)、pulao (pilaf)「ピラフ」、biryani「ビ
　リヤーニー」(焼き飯) 等。
④ South Indian vegetarian cuisine 「南インド式野菜料理」
⑤ Atithi Devo Bhava ［アティティ デーヴォ バヴァ］「お客様は神様です」
　元来サンスクリット語のフレーズだが、インド政府の観光キャンペーンの標語として
　TV の広告などで用いられている。
⑥ *Atithi Tum Kab Jaoge* ［アティティ トゥム カブ ジャーオゲ］
　2010 年にリリースされた Bollywood 映画のタイトル。

訳 ▶

アリ：インドでは、メイドさんは何をしてくれると思えばいいですか？
アーイシャ：メイドはたいてい部屋の掃除、洗濯、買い物をして、私の場合は料理も
　します。それとご要望があれば、使い走りもします。しかし、使い走りのような追
　加の仕事は、bakhsheesh をいただきます。
アリ：bakhsheesh？　それは、チップという意味ですか？
アーイシャ：はい、そうです、旦那さま。
アリ：先ほど、あなたは料理ができると言いましたね。何が作れますか？
アーイシャ：なんでもできます。日本食もいくつか作れます。たまご焼き、焼き鳥、
　お好み焼き……
アリ：いいですね。それらを食べてみたいです。ところで、インド料理はできますか？
　私はインド料理が大好きなんです。
アーイシャ：運がいいですよ、旦那。私はムガル式の肉料理から南インド式の野菜料
　理までさまざまな料理が作れます。ときどき、インドのデザートもお出ししましょう。
アリ：すごい。このマンションはまるでインド料理のレストランみたいだ！
アーイシャ：はい。伝統的に、私たちムスリムにはおもてなしの習慣があるんです。
　さらに、インド政府は "Atithi Devo Bhava" という運動を奨励しています。「お
　客様は神様です」という意味です。
アリ：あれ、私は Bollywood 映画の *Atithi Tum Kab Jaoge,*『いつ帰られるのですか、

お客様？』という映画を観ましたけど。これはとてもおもしろい映画でした。

アーイシャ：わぁ、その映画を観られたんですね、旦那さん。あなたはインドのこと
をとてもよくご存じですね。尊敬します。ところで、明朝8時半に会社の運転手
があなたを迎えに来ると、クマールさんがおっしゃっていました。

Scene 3

Track 33

Ari talks with Ayesha about cleaning the flat.

アリはマンションの掃除についてアーイシャと話しています。

Ari : Who is the lady cleaning the toilet? I don't know her. Is she your
friend?

Ayesha : No, sahib. She is Devi, a part-time sweeper. She is employed by
your company to clean the rooms and the toilet of this flat.

Ari : You don't do the cleaning?

Ayesha : I do the washing with a washing machine, but don't do the
cleaning.

Ari : It is strange. Why?

Ayesha : This is India, sahib. I belong to the lower caste. ① But nobody
in my community ② does the cleaning. We hire sweepers to have the
toilet cleaned. ③

Ari : Strange. But many Indians proudly say that India is the world's
largest democracy.

Ayesha : Yes, sahib. But cleaning is their job, sahib. And I have to cook
your food. So I have to keep my hands clean.

Ari : Accha, I see. Let the lady do the cleaning. No problem.

Ayesha : Thank you, sahib. This is our long-standing custom. We
cannot change it soon.

otes

① lower caste「低カースト」

② community

　ヒンドゥー教徒以外のインド人が自分の宗教内の所属集団（ヒンドゥーのカーストに相当）を指すときよく用いる。ヒンドゥーもしばしば caste あるいは subcaste の婉曲表現として用いる。なお、イスラームは神の前での平等を標榜しているが、インドやパキスタンの、ヒンドゥーから改宗したムスリムの多くは、改宗後も改宗以前の職業続したため、改宗以前のカーストに所属しているとされる。

③ hire sweepers to have the toilet cleaned「トイレを掃除してもらうために掃除人を雇う」

訳 》

アリ：トイレの掃除をしている女性はだれですか？　私は彼女を知らないのですが。あなたの友達ですか？

アーイシャ：いいえ、旦那。彼女はデビといい、パートタイムの掃除人です。彼女はマンションの部屋とトイレの掃除のために、あなたの会社に雇われているのです。

アリ：あなたは掃除をしないのですか？

アーイシャ：私は洗濯機で洗濯はしますが、掃除はしません。

アリ：不思議ですね。なぜですか？

アーイシャ：ここはインドです、旦那さま。私は低カーストに所属しています。しかし、私のカーストでは掃除をする者はひとりもいません。私たちはトイレを掃除してもらうために掃除人を雇うのです。

アリ：不思議だな。多くのインド人は、インドは世界最大の民主主義国家だと自慢するのに。

アーイシャ：はい、旦那さま。しかし掃除は彼らの仕事なのですよ。そして私は旦那さまの食事を作らなければいけません。だから私は手をきれいにしておかなければいけないのです。

アリ：ほほう、なるほど。では、あの女性に掃除をしてもらいましょう。それでいきましょう。

アーイシャ：ありがとうございます、旦那さま。これは私たちの長年続いている慣習です。すぐに変えることはできないのです。

16 運転手
Driver

Scene 1

At around 8:20 in the morning, a company driver comes to Ari's apartment to pick him up and drive him to the company. The driver rings the bell.

朝8時20分頃、会社の運転手がアリを会社まで送るためにアリのマンションまで来ています。運転手が呼び鈴を鳴らしました。

Driver : Good morning, sahib. Let's go to the company.

Ari : One minute. I have to knot a tie now. Anyway, you arrived earlier than I expected.

Driver : Sorry, sahib. But the company tells me to come 10 minutes earlier.

Ari : No need to say sorry. Now I'm ready. Chalen! ①

Driver : [*To the maid*] Ayesha ji, the new chaukidar ② didn't let me come into this flat. Tell him that I am Japani sahib's ③ driver.

Ayesha : Accha. He is new. He doesn't know anybody here. Three days ago, he did not let me come in. I will tell him, Sardar ji. ④ No problem.

Driver : Please do, Ayesha ji. Changa, ⑤ chalen, sahib?

Ari : Changa, chalen. Sardar ji!

① chalen [チャレン] ヒンディー語 「行きましょう」
② chaukidar [チョーキダール] ヒンディー語 「守衛」「ガードマン」
③ Japani sahib [ジャーパーニー サーヒブ] 「日本人の旦那」
④ Sardar ji [サルダール ジー] Sikh 教徒の男性への呼びかけ
　ヒンディー語で Sardar は「指導者」「親方」「旦那」「大将」の意味。ji は敬称で「〜
　さん」。この対話の設定では、アリの運転手は Sikh 教徒。ちなみに、デリーのタクシー
　運転手には Sikh 教徒が多い。Sikh 教徒の言語はパンジャーブ語。
⑤ changa [チャンガー] パンジャーブ語でヒンディー語の accha に相当

訳 ≫

運転手：おはようございます、旦那さん。さあ、会社に行きましょう。

アリ：ちょっと待ってください。いまからネクタイを結ばないといけないので。ところで、私が予想していたよりも早く来ましたね。

運転手：すみません、旦那さま。しかし、会社から 10 分前には行くようにと言われているので。

アリ：謝る必要はないです。さあ準備できました。行きましょう。

運転手：[メイドに]アーイシャさん、新しい守衛が私をマンションに入れてくれなかったよ。彼に、私が日本人の旦那の運転手だと伝えておいてください。

アーイシャ：あ、そう。彼は新米なんですよ。彼はこのマンションの住人をだれも知らないのですよ。3 日前など、私を入れてくれなかったんですよ。このことは私から彼に伝えておきますよ、親分。ご心配なく。

運転手：よろしく頼むよ、アーイシャさん。さあ、行きましょう、旦那さま。

アリ：では、行きましょう、親分！

Scene 2

In the car, Ari speaks to the driver.

車の中で、アリは運転手に話しかけています。

Ari : What is your good name, <u>Sardar ji</u>? ①

Driver : Sahib, my name is <u>Rajendra Singh</u>. ② Don't call me with sahib. Just call me <u>Raju</u>. ③

Ari : But you look older than I am. In Japan we can't call our elders by their names <u>only</u>. ④

Driver : But this is India, sahib. You are <u>bada sahib</u>. ⑤ You are a boss.

Ari : Accha, then can I call you "Raju ji" with "ji" in an Indian way?

Driver : <u>Haan</u>, ⑥ very good, very good. Now I will call you "sahib ji"!

Ari : Then I will call you "<u>Raju Hindustani</u>"! ⑦ Raja in <u>Raja Hindustani</u> ⑧ was a driver, too. And you resemble <u>Aamir Khan</u>! ⑨

Driver : Wah, wah, wah, wah! Sahib ji, I am very very happy to talk with you! You look like <u>Jackie Chan</u>! ⑩

Notes

① Sardar ji ［サルダール ジー］「親分」「大将」

Sikh 教徒の男性への呼びかけ。

② Rajendra Singh ［ラージェンドラ シン］Sikh 教徒の男性によくある名前

Singh は Sikh あるいは Rajput（ラージプート＝北インドの武人カースト）の男性の姓。Sikh の男性のほとんどが Singh という姓をもつ（Sikh はすべて平等なので同じ姓をもつためだとされる）。

③ Raju ［ラージュー］インド人（ヒンドゥーや Sikh）男性によくある名前

Rajendra が短縮された Raj に、ヒンディー語の指小辞（親愛を示す接尾辞）"u" を加えたもの。　例 Sanjay → Sanju, Salman → Sallu

④ only ここではアリはインド人のように only を後置修飾で使っている。

⑤ bada sahib = bara sahib [バッラー サーヒブ] 「ボス」「上司」「偉い人」
　　ヒンディー語から入った表現で、インド英語で非常によく使う。

⑥ haan [ハーン] ヒンディー語 パンジャーブ語 「そうです」

⑦ Raju Hindustani 下記の Raja Hindustani のもじり

⑧ Raja Hindustani [ラージャ ヒンドゥスターニ] 1996−7 年に大ヒットした映画。

⑨ Aamir Khan [アーミル カーン] 「アーミル・カーン」
　　ボリウッドの人気スター。Raja Hindustani で主人公 Raja を熱演した。

⑩ Jackie Chan 「ジャッキーチェン」
　　インド人は東アジアの人のことをよく知らないので、東アジアの男性を褒めるとき、
　　映画スターのジャッキーチェンに似ていると言ったりする。

訳 》

アリ：あなたのご尊名は何ですか、親分？

運転手：旦那、私の名前はラージェンドラ・シンです。sahib を付けずに、ラージュー
　　と呼んでください。

アリ：しかし、あなたはお見受けしたところ私より年上です。日本では、年上の方を
　　呼び捨てにはできないのです。

運転手：しかし、ここはインドです、旦那さま。あなたは私にとって偉い人です。あ
　　なたは上司なのです。

アリ：なるほど、ではインド式に "ji"（さん）を付けて "Raju ji"（ラージューさん）
　　と呼んでもいいですか？

運転手：はい、そうしてください。じゃあ、私はあなたのことを "sahib ji"（旦那さま）
　　と呼びます！

アリ：では、では、私はあなたのことを "Raju Hindustani" と呼びます。映画 "Raja
　　Hindustani" の主人公ラージャーも運転手でした。何せ、あなたはアーミル・カー
　　ンに似ていますから。

運転手：わぁ、すんげえずら。えれえこった！　旦那さま、私はお前様とお話しできて、
　　うれしいことこのうえないですよ。お前様はジャッキーチェンに似ていますよ。

17 スーパーマーケットへ行く
Going to a Supermarket

Track 36

Scene 1

Ari talks with Ayesha about shopping.

アリはアーイシャと買い物について話しています。

Ari: Is there any good supermarket near here?

Ayesha: Arjun Supermarket is close from here. It is just five minutes' walk from here.

Ari: Accha. Can you draw me a map on how to get there?

Ayesha: Accha, sahib. [*Drawing the map*] This is the map, sahib.

Ari: Accha... It is very difficult to read. What is this street? Where is my flat? Mmm...

Ayesha: Sorry, sahib. I am poor at drawing. You can google it on the Internet, sahib.

Ari: Then, can you come with me and show me the way to the supermarket?

Ayesha: No, sahib. You are bada sahib. And I am a maid. And if we walk together, people will misunderstand us.

Ari: No problem. I don't mind it.

Ayesha: I mind it, sahib. If you want to buy something, I will go and buy it for you.

Ari: But I don't know much about Indian things. If you help me to buy Indian things, I will be happy.

Ayesha: Phir, ① you go with your friends or colleagues.

Ari: Naheen, ② all of them are busy today.

Ayesha: Accha, I will go. But please walk away from me, sahib. When

you need my help in the supermarket, you can ask me on the <u>mobile</u>. ③
Ari: Accha, accha. OK. OK. Now <u>chalen</u>. ④
Ayesha: <u>Theek hai,</u> ⑤ sahib.

Notes

① phir ［ピル］ ｜ヒンディー語｜「では」=then, あるいは「ふたたび」=again
② naheen ［ナヒーン］ ｜ヒンディー語｜ no の意味
③ mobile
   インドでは携帯電話を cell phone よりも mobile と言うことが多い。
④ chalen ［チャレン］ ｜ヒンディー語｜ Let's go の意味
⑤ theek hai ［ティークハェ］ ｜ヒンディー語｜「よろしい」=all right
   "TK" とつづることもある。

訳 ▷

アリ：この近くによいスーパーマーケットはありますか？
アーイシャ：アルジュン・スーパーマーケットがここから近いですよ。ここから歩い
　　てたったの5分です。
アリ：なるほど。そこまでの地図を描いてくれますか？
アーイシャ：はい、旦那さま。［地図を描いて］これが地図です、旦那さま。
アリ：うへえ、こりゃ解読が大変だ。この通りはどこですか？　私のマンションはど
　　こですか？　ううむ……。
アーイシャ：すみません、旦那さま。私は絵が下手なのです。インターネットで検索
　　してください。
アリ：では、一緒に来てスーパーマーケットへの行き方を教えてくれませんか？
アーイシャ：だめです。あなたは私の旦那さまで、私はメイドです。それに、一緒に
　　歩いていたら、周りの人たちは私たちのことを勘違いするでしょう。
アリ：大丈夫です。私は気にしませんから。
アーイシャ：私は気にします。もし、欲しい物があるなら、あなたの代わりに私が行っ
　　て買ってきます。
アリ：しかし私はインドの物についてよく知りません。もしあなたがインドの物を買
　　うのを手伝ってくれたら嬉しいんだけど。

アーイシャ：では、友達や同僚の方と一緒に行ってください。

アリ：だめだめ、みんな今日は忙しいのです。

アーイシャ：では、私が行きましょう。でも、私から離れて歩くようにしてください。
　スーパーで私の助けが必要なときは、携帯電話でお願いします。

アリ：はい、はい。OK, OK. さあ、行きましょう。

アーイシャ：はい、旦那さま。

Scene 2

At the supermarket Ari asks an attendant about the price.

スーパーマーケットでアリは店員に値段について尋ねています。

Ari : Excuse me, but can you give me some discounts here?

Clerk : No discounts here, sir. Prices of all goods here are fixed, sir.

Ari : But many things here are very expensive. Look. This soap's sticker price says 50 rupees. The stall near my flat sells it for 15 rupees.

Clerk : No, sir. Perhaps that must be a cheap one, sir. This one is of good quality, sir. Look. This package says 50 rupees.

Ari : Accha, but it is expensive. I will call my friend. [*taking up his cell phone and calls up Ayesha*] Hello, Ayesha, where are you? Please come and help me. I'm now in front of the shelf of toiletry.

Ayesha : Theek hai, one minute. I'm coming, sahib.

訳 ▶

アリ：すみません、このお店は値引きをしてくれますか？

店員：当店では値引きはしておりません。当店では全商品が定価販売でございます。

アリ：でも、このお店、多くの商品がとても高いですよ。ほら、この石鹸の値札には
　50 ルピーと書いてあります。私のマンションの近くの店では、15 ルピーで売って
　いますよ。

店員：いいえ。おそらく、それは安物なんでしょう。これは高品質です。ほら、この
　パッケージにも 50 ルピーと書いてあるでしょう。

アリ：なるほど、でも高いですね。ちょっと友達に電話します。[*携帯電話を取り出*

してアーイシャに電話をする] もしもし、アーイシャ、どこにいますか？　ちょっ
と来て助けてください。私はいま、化粧品の棚の前にいます。

アーイシャ：わかりました。ちょっと待っていてください。いま行きます。

Scene 3

Track
38

Ayesha comes and joins Ari.

アーイシャが来て、アリの話に加わります。

Ari: Oh, Ayesha, come, come. Look. Don't you think this soap is
expensive?

Ayesha: Let me see... No, sahib, this is not expensive. This is a good
quality soap.

Ari: Correct? ① Is it true? I thought this supermarket is badmash. ②

Ayesha: No, no, sahib. They are simple-hearted. Not badmash.

Clerk: [*Crying*] This sahib calls me badmash. This sahib calls me
badmash...

Ayesha: Sahib, say sorry to her. You are wrong, sahib. She is crying.

Ari: Sorry. I'm sorry. By the way, Ayesha, I want to go to Giant Shopping
Mall in Noida. ③ Can you come with me?

Ayesha: No, I have to go back and cook dinner. Raju can go with you. I
will call him up.

Ari: But it is Sunday today.

Ayesha: No problem. Actually, he has wanted to go out with you. He is
always ready. He will come here soon by the company car.

Notes

① Correct?「ほんとう？」

　インド英語でよく使う表現。

② badmash［バドマーシュ］「悪人」「不誠実な人」

　もとはヒンディー語だが、現在はインド全体で用いられる。

③ Noida［ノエダー］「ノイダ」

　New Okhla Industrial Development Area の略で、デリー郊外の新興住宅地。巨大ショッピングモールが多い。Delhi Metro でデリーの中心部からすぐ行ける。

訳

アリ：あー、アーイシャ、来て、来て。見て。この石鹸は高いと思いませんか？

アーイシャ：えーっと、いいえ、これは高くないです。これは高品質の石鹸ですよ。

アリ：ほんとうですか？　私はこのスーパーマーケット（の人）が悪人なんだと思っていました。

アーイシャ：いいえ、違います。ここの人は素朴で、悪人ではないですよ。

店員：［泣きだして］この旦那が私を悪人って言った。私を悪人って言った……。

アーイシャ：旦那さま、この方に謝ってください。あなたの誤解です。この方、泣いちゃったじゃないですか。

アリ：ごめんなさい。すみません。ところで、アーイシャ、私はノイダの巨大ショッピングモールに行きたいんだけど。私と一緒に来てくれませんか？

アーイシャ：いいえ、私はマンションに戻って夕食を作らねばなりません。ラージューが行けますよ。これからラージューに電話します。

アリ：でも、今日は日曜日ですよ。

アーイシャ：大丈夫です。実は、ラージューはあなたと外出したがっていたのです。ラージューはいつでも OK ですよ。すぐに会社の車でここに来ますので。

18 ショッピングモールで

At the Shopping Mall

Scene 1

Ari and Raju arrive at Giant Shopping Mall in Noida, one of the biggest shopping malls in Delhi.

アリとラージューは、デリー最大のショッピングモールのひとつである、ノイダの「ジャイアント・ショッピング・モール」に着きました。

Ari : Raju ji, this is veeeerry big.

Raju : Yes, sahib ji. Veeeerry bbiiiiigg. <u>Badda changa,</u> ① sahib ji, I will wait here in the car in the parking lot. When you finish shopping, call my mobile, sahib.

Ari : You wanted to go shopping with me, didn't you? Come with me, Raju ji.

Raju : I'm a driver. You are sahib. I will wait here.

Ari : Come on, Raju ji. No problem. I need your help to buy something. Come with me.

Raju : <u>Changa!</u> ② You are a very good person, sahib. [*Putting his hands together*] You are <u>bhagwan.</u> ③

Ari : No, no. I'm not bhagwan at all. I made a girl clerk cry at the supermarket. I am a <u>shaitan.</u> ④

Notes

① badda changa [バッダー チャンガー] |パンジャーブ語| very good, very well の意味

badda=very, changa=good, well. ここでは「では」「じゃあ」ほどの意味。

114

② changa p.106 Notes ⑤参照。
③ bhagwan ［バグワーン］ ヒンディー語 「神」
④ shaitan ［シャイターン］ ヒンディー語 「悪魔」
　「やんちゃ坊主」の意味もある。

訳

アリ：ラージューさん、こりゃあ、すごーーーくでかい。

ラージュー：はい、旦那様々。すごーーーく、でかーーーいですなあ。では、私はこの駐車場で、車の中で待っています。買い物が終わったら携帯電話に連絡してください。

アリ：あなたは私と買い物に行きたかったのではないんですか？　一緒に行きましょうよ、ラージューさん。

ラージュー：私は運転手で、あなたはボスです。私はここで待っています。

アリ：いいじゃないの、ラージューさん。大丈夫。私はあなたに買い物を手伝ってほしいのです。一緒に来てくださいよ。

ラージュー：すばらしい！　あなたはとてもすばらしい方です、旦那様々。［合掌して］あなたは神様です。

アリ：いえ、いえ。私はまったくもって神なんかじゃありません。私はさっきスーパーマーケットで女子店員を泣かせました。私は悪魔です。

Scene 2

Track 40

At a shop in the Mall.

モールの店内にて

Ari : This is a toy shop, <u>hai na?</u> ①
Raju : Yes, sahib ji. Do you want to buy a toy? You are not a child now. Or do you have a child in Japan?
Ari : Ha, ha, ha! No, no, no. I want to buy a birthday present for a daughter of my friend. She is becoming seven soon.
Raju : Accha!? I have a daughter of the same age. I know what little

young girls like.

Ari : That's why I brought you here, Raju ji.

Raju : [*Pointing at a doll*] My daughter is wanting ② this doll for long. Probably the daughter of your friend will like it.

Ari : I think so, too. [*To an attendant*] Hello, ③ I'll buy this. It is a birthday present for my young friend. So, please wrap it up.

Attendant : Yes, sir... Ah, shall I write down the recipient's name on the card?

Ari : Yes, please. Raju ji, what is your daughter's good name?

Raju : ??? Her name is Isha...???

Ari : [*To the attendant*] Write like this. "To My Dearest Isha ji. Happy Birthday to you. From Japani Uncle ④ Ari."

Attendant : Accha, certainly. [*Repeating what Ari said*] "To My Dearest Isha ji. Happy Birthday to you. From Japani Uncle Ari." It is 1,000 rupees only. ⑤

Ari : [*Giving 1,000 rupees note to the attendant*] Here it is. Thank you. [*Turning to Raju*] This is a birthday present for your daughter from me.

Raju : [*Very much moved*] I thank you, sahib ji. You are really bhagwan. ⑥ I'm very very happy to work for you as a driver, sahib ji.

Ari : Instead, please help me choose latest hit Bollywood DVDs, Raju ji!

Raju : Of course, sahib ji!

Notes

① ..., hai na? [～ハェ ナ]「～ですね」

　　ヒンディー語の付加疑問だが、英語でもそのまま使われることがある。

② is wanting

　　インド英語では、標準英語で現在形を使うところで現在進行形を用いることが多い。

③ Hello

　　ここでは「すみません」（excuse me）の意味で使われている。

④ Japani Uncle

　　「日本人のおじさん」と訳せるが、インドでは、子どもは自分よりも年長の者を、男
　　性の場合は uncle, 女性の場合は auntie と呼ぶ。日本の「おじさん」「おばさん」のよ
　　うに年齢を重ねているという語感は少なく、20 代の若い男女にも用いることが多い。
　　なお、uncle と auntie は名前あるいは呼称の後ろに来る（Enoki Uncle「エノキのお
　　じさん」、Mami Auntie「マミおばさん」）。ちなみに、学校の先生への呼びかけ語は、
　　男性の先生には sir, 女性の先生には madam であるが、「〜先生」と名前付きで呼び
　　かけるときは、"Enoki Sir"「エノキ先生」、"Chiho Madam"「チホ先生」となる。

⑤ only

　　ここでは Ari はインド人のように only を後置修飾で使っている。

⑥ bhagwan ［バグワーン］ ヒンディー語 「神」

訳 〉

アリ：ここはおもちゃ屋ですね？

ラージュー：はい、旦那様々、あなたはおもちゃが欲しいのですか？　もう子どもではな
　　いでしょうに。それとも、日本にお子さんがいるのですか？

アリ：はっ、はっ、はっ！　いえ、いえ。私は友達の娘さんに誕生日プレゼントを買いた
　　いのです。彼女はもうすぐ 7 歳になるのです。

ラージュー：ほんとうですか!?　私にも同い年の娘がいるので、小さい女の子が何を欲
　　しがるのかわかりますよ。

アリ：だから、あなたをここに連れてきたんですよ、ラージューさん。

ラージュー：［人形を指して］私の娘はこの人形をずっと欲しがっています。たぶん、そ
　　の娘さんも気に入るでしょう。

アリ：私もそう思います。［店員に］すみません、これを買います。私の年少の友達への
　　誕生日プレゼントですので、包装してください。

店員：かしこまりました。受け取る方のお名前をカードに書きましょうか？

アリ：はい、お願いします。ラージューさん、あなたの娘さんの名前を教えてください。

ラージュー：ん？　娘の名前はイーシャーですが……？

アリ：［店員に］次のように書いてください。「親愛なるイーシャーさん、お誕生日おめでとう。日本のアリおじさんより」。

店員：はい、かしこまりました。［アリが言ったことを繰り返して］「イーシャーさん、お誕生日おめでとう。日本のアリおじさんより」。では、ちょうど 1,000 ルピーになります。

アリ：［店員に 1,000 ルピー札を渡して］はい、どうぞ。ありがとう。［ラージューのほうを向いて］これは私からあなたの娘さんへの誕生日プレゼントです。

ラージュー：［非常に感動して］ありがとうございます、旦那様々。あなた様はほんとうに神様です。あなた様の運転手として働けて、とてもとても幸せです、旦那様々。

アリ：その代わりに、最新ヒットの Bollywood 映画の DVD を選ぶのを手伝ってくださいね、ラージューさん。

ラージュー：もちろんです！

値切り交渉
Asking for a Discount

Ari goes to <u>Palika Bazaar,</u> ① *an underground market at Connaught Place. Ari stops at a clothing store.*

アリはコンノート・プレースにある地下ショッピング街のパリカー・バザールへやってきました。アリは洋服店の前で立ち止まります。

Ari: Excuse me, do you have this type of jeans in a larger size?

Attendant: Yes, sir. Here it is.

Ari: How much is it?

Attendant: It is 3,000 rupees as the price tag says.

Ari: <u>Are,</u> ② this type of jeans was 2,200 rupees in another store.

Attendant: Sir, perhaps, that was a different type. The quality of our jeans is much better.

Ari: How can you say that? This is Wranglers, isn't it? The one I saw in another store was also Wranglers.

Attendant: Maybe that was a secondhand one. 2,200 rupees is expensive for a secondhand one.

Ari: I don't think so. It was new. Accha, I will go to that store and buy the jeans there.

Attendant: Wait, wait. Sir, then, how about 2,800 rupees?

Ari: Still expensive. Excuse me. I'll go to the store.

Attendant: Wait. Wait, sir. How about 2,600 rupees?

Ari: No. It is still expensive. Accha, how about this? I will buy this shirt priced at 300 rupees. With the jeans I will pay 2,700 rupees.

Attendant: Accha. <u>Theek hai.</u> ③

Ari: <u>Shukriya!</u> ④

119

Notes

① Palika Bazaar [パリカー バザール]「パリカ・バザール」
　デリー中心のコンノート・プレースにある地下ショッピング街。

② are [アレー]「おや」「あれれ」
　驚きを表すヒンディー語。

③ theek hai [ティークハェ]「よろしい」
　all right の意味のヒンディー語。"TK" とつづることもある。

④ shukriya [シュクリヤ] ヒンディー語 「ありがとう」

訳 ≫

アリ：すみません、この型の大きいサイズのジーパンはありますか？

店員：はい、ございます。こちらです。

アリ：いくらですか？

店員：値札に書いてあるように 3,000 ルピーになります。

アリ：あれれ、他のお店ではこの型のジーパンが 2,200 ルピーでしたが。

店員：おそらく、それは違う型でしょう。当店のジーパンはずっと良質ですよ。

アリ：どうしてそのように言えるのですか？　これはラングラーズですよね？　私が
　　　他のお店で見たのもラングラーズでした。

店員：たぶん、それは中古商品だったのでしょう。中古商品で 2,200 ルピーは高いです。

アリ：そうは思いません。新品でしたよ。じゃあ、私はそのお店でジーパンを買います。

店員：ちょっと待ってください。では、2,800 ルピーでどうですか？

アリ：まだ、高いです。すみません。そのお店に行きます。

店員：待って、待って。2,600 ルピーでどうですか？

アリ：いいえ。まだ高いです。では、これでどうですか？　この 300 ルピーのシャツ
　　　を買います。ジーパンと合わせて 2,700 ルピーでどうでしょう。

店員：わかりました。いいでしょう。

アリ：ありがとう。

20 道に迷う
Asking for Directions

Track
42

Ari is invited by Mr Kumar to his home. Ari took Metro and got off at New Ashok Nagar. But he lost his way. Ari asks a passerby for directions.

アリはクマール氏の自宅に招待されています。アリはメトロに乗り、ニュー・アショーク・ナガル駅で降りましたが、道に迷ってしまいました。アリは通行人に道を尋ねています。

Ari : Excuse me, sir. Can you tell me the way to Ashok Colony? ①

Passerby : Yes. Ashok Colony is about 500 meters away from here. Go straight along this street to a BPCL ② Petrol station.

Ari : Excuse me, sir. Go straight to where? What is "patrol"?

Passerby : To a petroleum station. A place where we fill cars with petroleum.

Ari : Accha, I see. Petroleum. Then, when I arrive at the petroleum station, which direction should I go?

Passerby : Then you turn left and walk about 100 meters. Then you will see a paan ③ shop.

Ari : Paan shop? Do they sell bread there?

Passerby : No, no. A paan shop sells paan. Paan is a betel leaf for chewing. Anyway you ask the way at the paan shop. The paan wallah ④ may know your destination.

Ari : Ok, I see. Thank you, sir. I will go there and then ask him the way.

——•

① ... colony 「〜地区」の意味で地名に多用される語
② BPCL = Bharat Petroleum Corporation Limited. インドの国営石油会社
③ paan [パーン]「バーン」
香辛料とペーストをキンマの葉で包んだ嗜好品で、噛むと唾液が赤くなる。paan shop「パーン屋」。
④ paan wallah ヒンディー語 「パーン屋さん」
参考 wallah [ワーラー]「〜屋」「〜する人」

訊》

アリ：すみません。アショーク地区への行き方を教えていただけませんか?

通行人：いいですよ。アショーク地区はここから 500 メートルほどのところです。この道をまっすぐ BPCL のガソリンスタンドまで行ってください。

アリ：すみません。どこへ向かってまっすぐ行くのですか? "patrol" とは何ですか?

通行人：petroleum station（ガソリンスタンド）に向かってです。車にガソリンを入れるところですよ。

アリ：なるほど、わかりました。petroleum（ガソリン）ですか。では、ガソリンスタンドに着いたら、どの方角に行けばいいのでしょう?

通行人：その次は、左へ曲がって 100 メートルほど歩きます。すると、パーン屋が見えますよ。

アリ：パーン屋? そこではパン（bread）を売っているのですか?

通行人：いいえ、いいえ。パーン屋はパーンを売っています。パーンは噛むためのキンマの葉のことです。とにかく、パーン屋で道を尋ねてください。パーン屋さんがあなたの行きたいところを知っていると思いますよ。

アリ：はい、わかりました。ありがとうございます。パーン屋さんへ行って道を尋ねることにします。

21 インド人の家に招かれる
Uisiting an Indian's Home

Track
43

Ari visits Mr Kumar's home.

アリはクマール氏の家を訪ねています。

Ari : Hello, Mr Kumar. I'm sorry I'm late. I got lost. But the paan wallah on the street told me the way.

Mr Kumar : No problem. Come. Come inside, Ari. This is my wife, Seeta. ①

Ari : Namaste, madam. Then Mr Kumar should change his name to Ram. ②

Seeta : Wah, wah! You know the story of Ramayana! ③

Mr Kumar : Do you know my full name, Ari?

Ari : Well, it is R P Kumar ④ ...

Mr Kumar : Yes, it stands for Ram Prasad Kumar. So I don't have to change my name.

Ari : I didn't know that, Mr Kumar. You were destined to marry your wife when you were given that name. By the way, this is a small present for you and your family members.

Mr Kumar : Oh, it is a Japanese folding fan. These are picture postcards. How beautiful! What are these pictures?

Ari : They are pictures of Kyoto in autumn.

Seeta : It is really beautiful. In India there is no such beautiful place.

Mr Kumar : Thank you very much, Ari. We will treasure them. Come and sit down. We will give you refreshments. Would you like tea or orange juice?

Ari : Thank you, Mr Kumar. I'd like tea, please.

Seeta : In India we have dinner later than in Japan. We usually eat

dinner at around 9 pm, sometimes, after 10 pm. But today I suppose
you are hungry. So we shall start dinner at around 7 pm.

Ari : You are right. I AM hungry. I love Indian cuisine. I have been
looking forward to visiting you, madam.

Mr Kumar : My wife is a guru of vegetarian dishes. Today we will
entertain you with <u>aloo gobhi</u>, ⑤ <u>chana masala</u>, ⑥ <u>matar paneer</u> ⑦
with <u>puris</u>! ⑧

Ari : Wow!

Ⓝotes

① Seeta [スィータ] 「スィータ」
インドの古典叙事詩 Ramayana の主人公 Rama の妻。良妻の典型とされる。

② Ram [ラーム] 「ラーマ」
インドの古典的叙事詩 Ramayana（次項参照）の主人公 Ramachandra のこと。ヒン
ドゥー教徒の男性の典型的な名前。サンスクリット語だと Rama だが、ヒンディー語
では最後の a 音が省略され Ram となる。

③ Ramayana [ラーマーヤナ] 「ラーマーヤナ」
Mahabharata と並ぶサンスクリット語で書かれたインドの古典的叙事詩。Rama とそ
の妻 Seeta (Sita) の冒険を描く。

④ R P Kumar [アール ピー クマール]
インド人は名前の第一要素と第二要素を略すことが多い。たとえば、Shivendra
Kishore Verma は S K Verma, Allah Rakha Rahman は A R Rahman となる。

⑤ aloo gobhi [アールー ゴービー] ヒンディー語 「ジャガイモとカリフラワーのカレー」

⑥ chana masala [チャナー マサーラー] ヒンディー語 「ひよこ豆カレー」

⑦ matar paneer [マタル パニール] ヒンディー語 「豆とチーズのカレー」

⑧ puri [プーリー] ヒンディー語 「揚げパン」
chapati を揚げてふくらませたパン。

訳 ▶

アリ：こんにちは、クマールさん。遅れてすみません。道に迷ってしまって。でも、通りのパーン屋さんが道を教えてくれました。

クマール氏：結構、結構。まあ、どうぞお入りください。アリ、こちらは妻のスィータです。

アリ：こんにちは、奥さん。ところで、クマールさんは名前をラームに変えるべきですね。

スィータ：わぁ、すごい！　あなたはラーマーヤナの話を知っているのですね。

クマール氏：私のフルネームを知っていますか、アリ？

アリ：ええっとー、RP クマールでしたか……。

クマール氏：そう。RP クマールはラーム・プラサード・クマールの略です。だから、私は名前を変える必要はないのです。

アリ：これは初耳でした、クマールさん。あなたは名前を授かったときから、奥さんと結婚する運命だったんですね。ところで、あなたと家族のみなさんにちょっとしたプレゼントがあります。

クマール氏：これは、これは日本の扇子じゃありませんか。こちらは絵葉書ですね。なんて美しい！　何の写真ですか？

アリ：これらは秋の京都の写真です。

スィータ：ほんとうに美しいですね。インドにはこんなに美しい場所はありません。

クマール氏：ありがとう、アリ。大切にします。まあお掛けになって。飲み物でもお出ししましょう。紅茶とオレンジジュースとどちらがいいですか？

アリ：ありがとうございます。では、紅茶をください。

スィータ：インドでは、日本よりも遅く夕食を食べます。私たちは通常は 9 時頃に、ときには 10 時過ぎに夕食を食べます。しかし今日は、あなたはお腹がすいていると思うので、7 時頃に夕食にしますね。

アリ：正解です。お腹がぺこぺこです。私はインド料理が大好きで、お邪魔する日を楽しみにしていたのですよ、奥さん。

クマール氏：妻は野菜料理のエキスパートです。今日はアールー・ゴービー（ジャガイモとカリフラワーのカレー）、チャナーマサーラー（ひよこ豆カレー）、マタルパニール（豆チーズカレー）とプーリー（揚げパン）をごちそうしますよ。

アリ：わぁ！

インド人へのお土産

　インド人には精神的に超越した人が多い反面、物質的欲望の強い人も多い。よって、お土産を買う以前に、あげる人の性格を理解しておくことが望ましい。

　筆者が留学していたとき、また、後に留学先を再訪したとき、いちばん喜ばれたのが扇子（Japanese fan と呼ばれる）や絵葉書である。恩師へのお土産は英語で書かれた日本についての本と決めていた。留学先の州に禁酒法が敷かれたときは、こっそりと紙パック入りの日本酒を持ち込んでお土産にしたが、非常に喜ばれた（これは、滞在先の法律にそむく筆者の若気の至りであり、読者諸兄姉は真似をしないことを望む）。

　食べ物は、菓子類も麺類も、味付けと好みが日本とインドでは根本的に異なるので、概ね不評であった。

　物質的な欲望が強いインド人には、日本の電化製品あるいはインド国内で入手しにくいものを買ってきてくれとか、送ってくれとか言う人が多い。「お金は払うから」と言うものの、日本での購入価格を聞くと「そんなに払えない」などと言うことが多い。

22 病院へ行く（エイズ検査）

At a Hospital (AIDS Test)

Track 44

Scene 1

Ari goes to a hospital to undergo an AIDS test since he has to submit the result to the Foreigners Regional Registration Office. At the reception of the hospital.

アリは外国人登録事務所にエイズ検査証を提出しなければならないので、エイズ検査を受けるために病院へ行きました。病院の受付にて。

Ari : Excuse me. I made an appointment to undergo an AIDS test today.

Receptionist : Accha, your name, please?

Ari : Ari Kodama. A-R-I K-O-D-A-M-A. Ari Kodama.

Receptionist : Thank you. Yes, you made it. Please go directly to Dr R K Chatterji at the Department of AIDS studies on <u>the second floor</u>.①
He is waiting for your arrival.

Ari : Thank you.

otes ●

① the second floor 「3 階」（イギリス式）

アリ：すみません。今日、エイズ検査受診で予約をしている者ですが。

受付：あっ、そうですか。名前をお願いします。

アリ：アリ・コダマ。A-R-I K-O-D-A-M-A. アリ・コダマです。

受付：ありがとうございます。はい、確かに予約されています。直接、３階のエイズ
　　研究科のＲＫチャタルジー先生のところに行ってください。先生はあなたのご来院
　　をお待ちですので。
アリ：ありがとうございます。

Scene 2

Track
45

At the office of the doctor.

診察室にて

Ari : Hello, doctor. I have come here to undergo an AIDS test.

Doctor : Hello, Mr Ari Kodama? I have been waiting for you. An AIDS
test is simple. We will get your blood a little and analyze it. We
can finish it quickly. After two weeks, you come here again to get
a certificate you will have to submit to the Regional Foreigners
Registration Office. I have written hundreds of certificates for
foreigners so far. I know everything.

Ari : What date and time after two weeks shall I come here again?

Doctor : Any time and any date if it is between 10 am and 5 pm on the
weekdays.

Ari : Accha, how about 4 pm on Thursday, August 15? Is it OK with you?

Doctor : No. It is the Independence Day. It is a national holiday. Come
on another day.

Ari : Then, how about the next day, 4 pm on Friday August 16?

Doctor : No problem. Now let's begin. [*Taking up a needle.* ①] Roll up
the sleeve of your left arm.

Ari : Wait. Is the needle new?

Doctor : Of course. Any problem?

Ari : Could you please exchange the needle for a new one?

Doctor : [*Laughing*] Accha, you are afraid that I have been using the

> same needle for many patients.
>
> **Ari** : Frankly, yes.
>
> **Doctor** : Don't worry. India's medicinal science is very much advanced. Anyway, seeing is believing. [*Changing the needle for a new one*] Is it OK?

Notes

① needle 「注射の針」

　　標準的な英語でも用いるが、身の安全のために覚えておくべき語。

訳 》

アリ：こんにちは、先生。エイズ検査を受けにまいりました。

医師：こんにちは、アリ・コダマさん。お待ちしておりました。エイズ検査は簡単です。少量を採血し、検査します。すぐに終わります。2週間後、ここにもう一度来て、外国人登録事務所に提出する証明書を取りに来てください。私はいままでに何百もの証明書を外国人の方に書いてきました。すべてわかっています。

アリ：2週間後、ここに何日の何時に来たらいいですか？

医師：平日の午前 10 時から午後 5 時の間であれば、何曜日の何時でも結構ですよ。

アリ：なるほど、8 月 15 日木曜日の午後 4 時はどうですか？　先生のご都合は？

医師：いや、その日は独立記念日です。国民の祝日ですので、他の日に来てください。

アリ：では、翌日の 8 月 16 日金曜日の午後 4 時はどうですか？

医師：その日で結構です。では、始めましょうか。［*注射針を取り出して*］左腕の袖をまくってください。

アリ：ちょっと待ってください。その注射針、新しいですか？

医師：もちろん。何か問題でも？

アリ：新しい注射針に交換していただけないでしょうか？

医師：［*笑って*］なるほど、私が注射針を換えずに何人もの患者さんに使っているのではないかと心配なのですね。

アリ：率直に言えば、まあ、そういうことです。

医師：大丈夫。インドの医学はとても進んでいるんですよ。とにかく、論より証拠です。ご覧あれ。［*注射針を新しいものに交換して*］これでいいですか？

インドのお祭り

Indian Festivals

Scene 1

Ari talks with Prakash about <u>Holi</u>,① the Hindu spring festival.

アリはプラカーシュとヒンドゥー教の春祭りであるホーリーについて話しています。

Ari : Is tomorrow a national holiday?

Prakash : Yes. Tomorrow is Holi. It is a spring festival in honour of Krishna. ②

Ari : Accha? What do you do on Holi?

Prakash : We splash coloured water to each other. Be careful not to wear your best clothes. Just wear old unnecessary clothes so that you can throw them away after Holi.

Ari : It sounds dangerous but exciting! How can I join Holi?

Prakash : You can join Holi wherever people are celebrating Holi. But people sometimes get too excited and violent. So you have to be careful.

Ari : How can I avoid such danger?

Prakash : Then, you can celebrate Holi only with people you know well. If you like, you can come to my house and enjoy Holi with my family, relatives and friends.

Ari : If you allow me to join you, I will be very glad.

Prakash : If you come to my house on Holi, my family and friends will be happier, too.

otes

① Holi ［ホーリー］「ホーリー」

　　ヒンドゥー教の春祭り。3月頃におこなわれる豊作祈念の祭り。クリシュナ伝説 (Lord Krishna ［クリシュナ］「クリシュナ神」と愛人 Radha ［ラーダー］、牛飼い娘 Gopi ［ゴーピー］ たちが Holi の祭りで戯れ色粉をかけ合ったという伝承がある）とあいまって、色水や色粉をかけ合うようになった。調子に乗りすぎる人がいるので注意が必要。

② Krishna ［クリシュナ］「クリシュナ」

　　ヒンドゥー神話の英雄。青い肌をし牛飼いに身をやつしている。ヴィシュヌ神（Lord Vishnu）の化身 avatar のひとつとされる。

訳 》

アリ：明日は国民の祝日ですか？

プラカーシュ：はい。明日はホーリーです。クリシュナ神に敬意を表す春のお祭りです。

アリ：なるほど。ホーリーでは何をするんですか？

プラカーシュ：色のついた水をかけ合います。注意することは、大切な服は着ないことです。もう必要のない古い服を着て、（色水をかけられても）ホーリーの後で捨てられるようにするんです。

アリ：危なっかしそうだけどおもしろそうですね！　どうしたらホーリーに参加できますか？

プラカーシュ：ホーリーを祝っている人たちがいるところなら、どこでもホーリーに参加できますよ。しかし、ときどき、興奮しすぎて暴力的になる人がいますので、気をつけなければいけません。

アリ：どうすれば、危険な目にあわずにすみますか？

プラカーシュ：よく知っている人だけとでホーリーを祝うことです。よかったら、家に来て私の家族や親戚や友達と一緒にホーリーを祝いませんか。

アリ：そちらさえよろしければ、お願いします。

プラカーシュ：ホーリーの日にあなたが家に来てくれたら、私の家族や友達も喜びますよ。

Scene 2

Ari talks with Ayesha about Eid, the Muslim festival celebrating the end of Ramazan. ①

アリはアーイシャと、イスラームの断食明けの祭りであるイードについて話しています。

Ari : It seems you are skipping breakfast and lunch, Ayesha. What happened to you?

Ayesha : I'm fasting during the day, sahib. This month is Ramazan.

Ari : Accha? What is Ramazan?

Ayesha : Ramazan is pronounced also as Ramadan. It is the ninth month of the Islamic Calendar. During Ramazan, we fast during the day while we can eat and drink at night.

Ari : You eat only at night. It is quite an unhealthy custom.

Ayesha : In the view of other religions, it may be unhealthy. But all customs in a certain culture have their own meanings. Please respect other religions you don't know well.

Ari : But it sounds absurd to me.

Ayesha : There are more than 1.5 billion Muslims in the world. About a quarter of the total population of the world are Muslims. Do you think that all the customs of your country are completely scientific and rational? Japanese people bow when they greet. Is it totally scientific? Many people in the world have a strong prejudice against Islam just because they know little about it.

Ari : Ayesha, sorry. I didn't mean that at all.

Ayesha : Sorry, sahib. Actually among Indians as well there is strong hatred and prejudice toward our religion. So I have become emotional.

Ari : Now I understand how you feel. We have to know and understand

each other. Anyway, I have heard that Muslims celebrate "Eid" ②
after Romazan. Tell me how you celebrate Eid.

Ayesha : Accha, on the day of Eid we wear new clothes and visit
relatives, friends, and neighbours. After saying "Eid Mubarak," ③ we
embrace each other. Girls apply henna or mehndi ④ on their hands
and feet. We eat sweets like halwa ⑤ and kheer, ⑥ snacks like
samosas, ⑦ and special dishes like biryani ⑧ and korma. ⑨

Ari : It sounds exciting and yummy!

Notes

① Ramazan [ラマザーン]「ラマダーン」
イスラームの断食月(イスラーム暦9月)。インドやパキスタンでは Ramazan と発音。

② Eid [イード]「イード」
イスラームの断食月明けの祭。正式には Id ul-Fitr. アラビア語では Eid 単独だと「祭り」
の意味。

③ Eid Mubarak [イード ムバーラック] ウルドゥー語 「イードおめでとう」
mubarak は「おめでとう」の意味。Holi Mubarak! なら「ホーリーおめでとう」。

④ mehndi [メヘンディー]「ヘンナ染料」=henna.
結婚などの祝い事のときに女性が手や足に文様を描く。

⑤ halwa [ハルワー]「ハルワー」
ミルク、バター、カルダモン、ナツメグなどで作った菓子。

⑥ kheer [キール]「キール」
コメ、小麦粉、ミルク、砂糖で作ったインド式プリン。

⑦ samosa [サモーサー]「インド式揚げ餃子」
ポテトなどの具が入っている。

⑧ biryani [ビリヤーニー]「ビリヤーニー」
肉や野菜を使ったスパイシーな炊き込みご飯。ちょっとぜいたくな料理なので、ハレ
の日に食べることが多い。ウルドゥー語。

⑨ korma [コールマ]「肉と野菜の煮込み」

アリ：あなたは朝食と昼食を食べていないようですが、どうしたのですか？

アーイシャ：日中は断食しているのですよ。今月はラマザーンなんです。

アリ：えっ？ ラマザーンとは何ですか？

アーイシャ：ラマザーンとはラマダーンとも発音します。イスラーム暦で9番目の月のことです。ラマザーンの間、日中は断食をし、夜に飲食をします。

アリ：夜しか食べないのですね。相当不健康な習慣ですね。

アーイシャ：他の宗教からみたら、不健康でしょう。しかし、どんな文化のどんな習慣にも、それぞれ意味があるのですよ。よく知らない宗教でも尊重すべきではないでしょうか。

アリ：しかし、私にとっては不合理に思えたので。

アーイシャ：世界には15億人以上のイスラーム教徒がいます。世界人口の約4分の1がイスラーム教徒です。あなたの国のすべての習慣が完全に科学的で合理的だと思うのですか？ 日本人は挨拶するときにお辞儀をします。お辞儀は100％科学的ですか？ 世界中の多くの人々が、イスラームに対して強い偏見をもっているのは、ただイスラームのことをほとんど知らないからです。

アリ：アーイシャ、すみません。そういうつもりで言ったのではないんだ。

アーイシャ：ごめんなさい。実際に、インド人にも私たちの宗教に対して強い嫌悪感や偏見をもつ人たちが多いので、つい、感情的になってしまいました。

アリ：気持ちはよくわかりました。私たちはお互いを知り、理解しなければいけませんね。ところで、イスラーム教徒はラマザーン後に「イード」を祝うと聞きました。イードをどのように祝うのか教えてください。

アーイシャ：はい、イードの日、私たちは新しい服を着て、親戚や友達、近所の人を訪ねます。「イード・ムバーラック（イードおめでとう）」と言って、抱き合います。女の子たちはヘンナまたはメヘンディーで手や足に文様を描きます。ハルワーやキールのような甘いお菓子や、サモーサーのようなスナック、ビリヤーニーやコールマのようなごちそうを食べるのです。

アリ：楽しそうだし、おいしそうですね！

インドの結婚式
An Indian Wedding

Ari is invited to the wedding reception of Mr Kumar's daughter Radha.

アリはクマール氏の娘ラーダの結婚披露宴に招待されました。

Mr Kumar : Ari, I want you to attend the reception of my daughter's wedding. It's on Sunday, the 4th of November. This is an invitation card.

Ari : Thank you for inviting me to the reception. I would be pleased to attend it.

Mr Kumar : This is an inter-caste marriage ① with no dowry. ②

Ari : Can I ask what an "inter-caste marriage" is?

Mr Kumar : It means a marriage between persons from two different castes. My family is originally from Uttar Pradesh. And our caste is Kshatrya. ③ On the other hand, the bridegroom's family is from South India. They are Tamilian Iyer. ④

Ari : Are inter-caste marriages common in India?

Mr Kumar : Not so common yet. Inter-caste marriages actually happen only among urban educated middle classes.

Ari : I see. By the way, how did your daughter meet that Tamilian boy?

Mr Kumar : Both our family and the bridegroom's family are followers of Sai Baba. ⑤ Several years ago, we met each other for the first time at a function related to Sai Baba. Then my daughter Radha and their son happened to enter the same college. They became closer while studying together.

Ari : Is the name of your daughter Radha?

Mr Kumar : Yes. I'll surprise you. You may not believe it. My son-in-
  law's name is <u>Krishna</u>! ⑥
Ari : Wah, a real Radha Krishna love story!

Notes ───●

① inter-caste marriage「異カースト間の婚姻」
② dowry「結婚における持参金・婚資」
  ヒンドゥー教では、通常、花嫁側から花婿側へ送られる。お金以外に耐久消費財など
  のモノも贈られる。
③ Kshatrya [クシャトリヤ]「クシャトリヤ」
  ヒンドゥーのカーストの上から2番目にランクされる、武人や領主のカースト。
④ Iyer [アイヤル]「アイヤル」
  タミル人の上位カースト（Brahmin）のひとつ。
⑤ Sai Baba [サーイー バーバー]「サイババ」
  日本でよく知られているのはアフロヘアの Satya Sai Baba（2011年逝去）だが、イ
  ンド人の間で Sai Baba といえば、Sai Baba of Shirdi（シルディーのサイババ）のほ
  うが有名。前者 Satya Sai Baba は Sai Baba of Shirdi の生まれ変わりを自称し、Sai
  Baba of Shirdi にあやかって有名になったので、後者のほうが本家本元。Sai Baba of
  Shirdi も奇跡によって信者を増やしたが、どの宗教も根底は同じという思想で多くの
  人たちを感化した（Sab ka Maalik Ek [サブ カ マーリック エーク]「すべての主（神）
  はひとり」という彼のことばに彼の思想が集約されている）。ちなみに、筆者の留学
  時の指導教官も Sai Baba of Shirdi の信者であった。
⑥ Krishna [クリシュナ]「クリシュナ」
  インド神話の英雄。ヴィシュヌ神（Vishnu）の化身とされ、青い肌で怪力をもち、横
  笛を吹き婦女子を魅了する。牧女 Radha との恋愛も神話の題材。

訳 》

クマール氏：アリ君、君に私の娘の結婚披露宴に出席してほしい。日にちは11月4
  日の日曜日です。これが招待状です。
アリ：披露宴に招待していただき、ありがとうございます。喜んで出席します。
クマール氏：この結婚は結婚持参金のない "inter-caste marriage" なんですよ。

アリ：“inter-caste marriage” とは何ですか？

クマール氏：別カースト出身のふたりの結婚という意味です。元来、私の家族はウッタル・プラデーシュ州出身で、カーストはクシャトリヤです。一方、新郎の家族は南インドの出身です。彼らはタミル人のアイヤルです。

アリ：インドでは、別カースト間での結婚は普通なのですか？

クマール氏：いいえ、まだあまり普通ではありません。別カースト間の結婚は、実際、都市部の中流階級で高教育を受けた人たちの間でしかおこなわれません。

アリ：なるほど。ところで、娘さんはどのようにタミル人の青年と知り合ったのですか？

クマール氏：私の家族と新郎の家族は両家ともサイババの門下なのです。数年前に、サイババ関連の祭典で私たちの家族とあちらの家族がはじめて出会いました。そして、娘のラーダと相手の息子がたまたま同じ大学に入学したのです。ふたりは一緒に勉強していくうちに仲良くなったのです。

アリ：あなたの娘さんのお名前はラーダでしたね？

クマール氏：そう。あなたをビックリさせてあげましょう。信じられないかもしれませんが、私の娘婿の名前はクリシュナなのです！

アリ：おお、ほんとうの現代版ラーダ・クリシュナ・ラブストーリーですね！

インド映画を観に行く

Going for an Indian Movie

Track 49

Ari goes with Sneetha to Plaza Cinema, a multi-screen multiplex in Connaught Place.

アリはスニータと一緒に、コンノートプレースにあるマルチスクリーンのシネマコンプレックスであるプラザシネマ（映画館）へ来ています。

Ari : Wah, this is splendid. I have never imagined that India has such a modern cinema.

Sneetha : As far as film industries are concerned, India is the number one in the world. Most Indians are keen film critics. Even though satellite TV, DVDs, and VCDs have been bringing various kinds of films to Indian homes, we still prefer watching films at cinemas. Naturally, we are particular about cinema halls.

Ari : I see. Which film are we going to watch today? This multiplex ① is showing three films now.

Sneetha : Ari ji, what do you want to watch?

Ari : I have no particular idea. I'll leave it to you. I'll watch the one you recommend.

Sneetha : Then, let's watch *Dabangg*. ② I'm a fan of Salman Khan. ③ I love Sallu! ④

Ari : Saru? You love monkeys?

Sneetha : No! Salman Khan! Bollywood's megastar! See that poster. That handsome macho is Salman Khan.

Ari : I see. [*Looking at another poster*] Look! That girl is cute! I want to see that film! Is the film called *Tees Maar Khan?* ⑤

Sneetha : Yes. The actor is <u>Katrina Kaif.</u> ₆ She is half Indian and half British. She is beautiful, sexy and acts well. But she speaks poor Hindi. And she is not so smart.

Ari : You don't like Katrina Kaif?

Sneetha : I don't mean that. To me, she is somewhat like a foreigner.

Ari : I don't mind such things at all. She is cute, beautiful... Let's watch *Tees Maar Khan*!

Sneetha : You said you would watch the film I recommend. Let's watch *Dabangg*.

Ari : Accha... Then let's do this. We watch both films. It may take almost 6 hours, though...

Sneetha : What will happen to the dinner you promised?

Ari : Popcorn and Coke will be our dinner!

Sneetha : <u>Oooooof!</u> ₇ You <u>kanjoos!</u> ₈

Notes

① multiplex 「マルチプレックス」「シネマコンプレックス」
同じビル内に複数の映画館がある建物。

② *Dabangg* [ダバング] 『ダバング』
2010年のヒット映画。ちょい悪警官が悪人をやっつけるアクションもの。Salman Khan 主演。Salman Khan の弟の Arbaaz Khan [アルバーズ カーン] 監督（映画にも Salman Khan の弟役で出演）。

③ Salman Khan [サルマーン カーン]「サルマーン・カーン」
マッチョでハンサムな Bollywood の大スター（megastar）。

④ Sallu [サッルー] Salman Khan の愛称「サルちゃん」

⑤ *Tees Maar Khan* [ティース マール カーン] 『ティース・マール・カーン』
2011年のヒット映画。インド版ルパン三世のような Tees Maar Khan を主人公とするコメディー。女性監督の Farah Khan [ファラー カーン] が監督、二枚目と三枚目を兼ねた Akshay Kumar [アクシェイ クマール] が主演。

⑥ Katrina Kaif [カトリーナー カェフ]「カトリーナ・カイフ」
カシミール系インド人を父に、イギリス人を母にもつ、現在 Bollywood でナンバー

ワンの女優。イギリス育ち。母語が英語でヒンディー語は上手くない。少し前まで上記の Salman Khan と交際していた。

⑦ oof = uff［ウッフ］「うへぇ」「ちぇっ」
　　不快を表すヒンディー語。

⑧ kanjoos［カンジュース］ ヒンディー語 「けちん坊」

訳

アリ：おお、これはすばらしい。インドにこのような近代的な映画館があるなんて想像していませんでした。

スニータ：映画産業に関しては、インドは世界一なのですよ。ほとんどのインド人は映画評論家みたいなものです。衛星放送やテレビ、DVD や VCD でインド人は家庭でもさまざまな映画を観られるようになりましたが、いまも映画館で映画を観るほうが好きなのです。当然、映画館についてもうるさいですよ。

アリ：なるほど。今日はどの映画を観るのですか？　このシネマコンプレックスでは3本の映画が上映されていますが。

スニータ：アリさんは何が観たいですか？

アリ：私は特に希望はありません。あなたにお任せします。あなたのおすすめの映画が観たいです。

スニータ：それでは、『ダバング』を観ましょう。私はサルマーン・カーンのファンなのです。サルちゃん大好き！

アリ：サル？　あなたは猿が大好きなの？

スニータ：いいえ！　サルマーン・カーン！　Bollywood の大スターです。あのポスターを見て。あのハンサムでマッチョなのがサルマーン・カーンです。

アリ：なるほど。［他のポスターを見て］おお、あの女の子はかわいいぞ！　私はあの映画が観たいぞ。あの映画は『ティース・マール・カーン』ですか？

スニータ：そうです。あの女優はカトリーナ・カイフです。彼女はインド人とイギリス人のハーフです。彼女は美人でセクシーで演技が上手ですが、ヒンディー語は下手です。そのうえ、あんまり頭がよくない。

アリ：あなたはカトリーナ・カイフが嫌いなの？

スニータ：そうじゃないですが。私にとって、彼女はなんだか外国人のように思えるのです。

アリ：私はそんなことは全然気にしない。彼女はかわいい、美しい……さぁ、『ティース・マール・カーン』を観ましょう！

スニータ：私がすすめる映画を観たいと言ったではないですか。『ダバング』を観るの！

140

アリ：ううむ、では、こうしましょう。両方の映画を観ましょう。6時間くらいかかりますけどね……。

スニータ：約束した夕食はどうなるのですか？

アリ：ポップコーンとコーラが夕食です！

スニータ：うへえー！　けちん坊！

観光編

広大な国インドは見所の宝庫。
アリはまず、定番のスポットを旅するようです。

26 列車の予約
Buying Train Tickets

Track
50

Scene 1

At the entrance of the Reservation Centre of New Delhi Station, Ari asks a person where he can buy tickets.

ニューデリー駅の予約センターの入口で、アリはどこで切符を買うことができるのか、尋ねています。

Ari : Excuse me, sir. Can you tell me where I can buy train tickets?

Man : Go to Counter Number 4. There is a long long① queue② today. I waited in the queue for more than one hour. But for foreigners, there is a special desk over there in the International Tourist Bureau. It is not so crowded, but you will have to pay there in foreign currency.

Ari : Thank you. I will try Counter Number 4 since I have only Indian rupees today.

Notes

① long long= very long.

インド英語ではよく形容詞を重ねて意味を強める。

② queue「列」

イギリス式の queue が多く用いられるが、line も比較的通じる。

訳 》

アリ：すみません。どこで列車の切符が買えるのか教えてもらえませんか？

男性：4番カウンターに行ってください。今日はとても長い行列ができています。私

は行列で1時間以上待ちました。しかし外国人には、あそこの国際観光局に外国人特別受付窓口があります。そこはそんなに混んでいませんが、外国通貨で料金を払わなければいけません。

アリ：ありがとう。今日はインドルピーしか持っていないので、4番カウンターに行ってみます。

Scene 2

Ari came to the end of a long queue for tickets. A middle-aged man curiously looks at Ari and speaks to him.

アリは切符を買う長蛇の列の最後尾に来ました。中年の男性がアリをものめずらしそうに見て、話しかけてきます。

Middle-Aged Man : What is your native place? ①
Ari : I beg your pardon?
Middle-Aged Man : I am asking your country. Are you Korean?
Ari : No, I'm Japanese.
Middle-Aged Man : There are many Koreans in India today. They are sent by Korean companies to work for Indian branches of electronic appliances and car manufacturers. Actually, my company is doing business with one of the Korean companies.
Ari : Are you president of the company?
Middle-Aged Man : No, no, I'm an accountant there.

Ⓝotes

① What is your native place?
　Where are you from ? の代わりにインド人がよく用いる表現。

144

訳 〉

中年男性：あなたはどこの出身ですか？

アリ：もう一度、言ってもらえますか？

中年男性：私はあなたの出身国を聞いています。あなたは韓国人ですか？

アリ：いいえ、日本人です。

中年男性：最近、インドには韓国人がたくさんいます。彼らは、韓国の会社から派遣された人たちで、電子機器や自動車業界のインド支社で働いています。実は、私の勤め先も韓国の企業と取引をしているのですよ。

アリ：あなたはその会社の社長ですか？

中年男性：いえ、いえ、私は会計をしています。

Scene 3

Track 52

A man suddenly tries to push into the queue.

男性がひとり突然割り込みをしてきます。

Ari : Oh, no. You have to go to the end of the queue.

Middle-Aged Man : Uff! ① You can't break into the queue!

Man : Sorry, sorry. I thought you were not in the queue.

Middle-Aged Man : Don't you have eyes? [*To Ari*] Hum, that badmash ② went away.

Ari : Yes, he is a badmash. Goonda hai. ③

Middle-Aged Man : By the way, where are you going in India?

Ari : Varanasi. I want to see the Ganga. ④

Middle-Aged Man : Bahut accha! ⑤ But be careful. There are more and more goonda people in Varanasi! Actually, you can book your tickets on the website of Indian Railways.

Ari : Yes, I know. But I just want the experience of buying tickets at the station.

Notes

① uff（oof）［ウッフ］「ちぇっ」「うへぇ」

　　北インドでよく用いられる不快を表す間投詞。

② badmash［バドマーシュ］「悪党」

③ goonda hai［グーンダー ハェ］「ごろつきです」

　　goonda「ごろつき」、hai「〜です」（ヒンディー語の3人称単数現在の be 動詞相当語）。インドの英字紙の見出しには goondaism「ごろつきを使った恐喝」「乱暴狼藉」の語がよく見られる。

④ Ganga［ガンガー］ ヒンディー語 「ガンジス河」=the Ganges.

⑤ bahut accha［バフット アッチャー］=very good.

　　bahut=very, accha=good.

訳 ≫

アリ：あ、だめですよ。列のいちばん後ろに並んでください。

中年男性：こら！ 割り込みするな！

男性：すみません。列に並んでいないように見えて。

中年男性：あんた、目がないの？［アリに対して］はは、あの悪党は行ってしまいましたね。

アリ：そう、さっきの人は悪党ですよ。ごろつきです。

中年男性：ところで、インドのどこに行くのですか？

アリ：バラナシです。ガンジス河が見たいのです。

中年男性：それはいいですね。でも気をつけて。そこにはもっと性質の悪いのがいますので！ ところで、実は、切符は Indian Railways（インド鉄道）のホームページで予約できますよ。

アリ：はい、知っています。でも、駅でチケットを買う経験をしたかったのです。

Scene 4

Track 53

Ari finally gets to the counter.

ようやくアリの順番になりました。カウンターにて。

Ari : Excuse me, madam. I want to buy a round trip ticket to Varanasi.

Clerk : What ticket?

Ari : A round trip ticket. A ticket to go to Varanasi and come back to Delhi.

Clerk : Accha, I see. You mean a <u>return ticket</u>.① Accha, which class for which train?

Ari : I would like to buy a return ticket for the <u>Shiv Ganga Express</u>② to Varanasi on the 9th of November. I want an upper <u>berth</u>③ in <u>Second AC</u>.④ To come back to Delhi, I want to reserve an upper berth in Second AC on the Shiv Ganga Express on the 16th of November.

Clerk : Is your name Mr Ari …?

Ari : Yes.

Clerk : Here are your tickets.

Ⓝotes

① return ticket「往復切符」

　　インドでは「往復切符」をイギリス英語式に a return ticket と言う。a round trip ticket は通じにくい。同様に、peanuts より groundnuts（［グローンドナット］と発音）、1 階は ground floor, 2 階は first floor.

② Shiv Ganga Express「シヴ・ガンガー急行」

　　New Delhi 駅と Varanasi Junction 駅を 13 時間で結ぶ夜行特急。

③ berth「寝台」

　　長距離列車はほとんど夜行列車で椅子席（Chair）は少なく、ほとんどが寝台車である。

④ Second AC「エアコン付き二等寝台」

First AC「エアコン付き一等寝台」の次のクラスで、インド人の感覚からすると少し高級だが、2011年現在、デリー・バラナシ間の価格は1500円程度（寝台は上下2段）。多くのインド人はSleeper Class「二等寝台」を用いる（寝台は上中下3段。料金はなんと450円程度）。

訳 >>

アリ：すみません、バラナシへのround trip ticket（往復切符）を買いたいのですが。

係員：何の切符ですって？

アリ：round trip ticket です。バラナシへ行って、デリーに戻ってくる切符です。

係員：なるほど、わかりました。return ticket（往復切符）のことですね。なるほど、どの列車のどのクラスにいたしましょうか？

アリ：11月9日発のバラナシ行きシヴ・ガンガー急行の往復切符が欲しいです。エアコン付き二等寝台車の上の寝台をお願いします。デリーに戻ってくるのは、11月16日発のシヴ・ガンガー急行でエアコン付き二等寝台車の上の寝台がいいです。

係員：あなたの名前は、アリさん……?

アリ：はい。

係員：どうぞ、これがお求めの切符です。

インドの鉄道

　筆者がインドに留学していた1990年代前半は、列車の予約も、列車での旅行も非常に大変であった。しかし、インド政府の奨学金で暮らす貧乏学生であった私は、旅行するときは列車やバスを使わざるを得なかった。たとえば、列車の往復切符を買うには、行きの切符は出発地で買えたが、帰りの切符は、電報で始発駅に予約情報を送りその返信を受けてから発券された。よって、帰りの切符の入手に予約してから1週間ほどかかったものである。

　現在では全国の駅の予約窓口がオンラインでつながっているため、往復切符もすぐに買える。また、Indian Railwaysのウェブサイトで購入することもで

きるようになり、筆者の留学時とは隔世の感がある。しかし、長距離列車の運行状況は当時とほとんど変わらず、数時間、場合によっては十数時間も遅れるのはざらである。車両もボロボロのものが多く、朝のトイレの衛生度は最低だと言ってよい（インド式トイレだけでなく洋式トイレにもトイレットペーパーはなく、トイレは汚れている）。

　しかし、列車の料金は飛行機に比べると驚くほど安い。また、窓から景色を眺めながら、紅茶やスナックを買って食べ、向かいの座席のインド人ととりとめのない話ができるのは、列車の旅ならではだ。時間的に余裕があり、インドを体感したい人には、列車旅行はおすすめである。逆に、時間的かつ衛生的忍耐力がない人には、長距離の列車旅行はすすめられない。

　ただし、大都市近郊の特別急行は比較的定時運行をしており、車両もきれいでサービスがよいものがある。それは普及してきた乗用車、あるいは都市間バスとの競合でサービスがよくなってきているからだと思われる。しかしインドの交通機関は、基本的にあてにならない。大切なアポイントメントがある場合は、日帰り旅行は避けて、前泊するのがよいだろう。

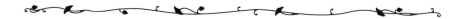

民間航空会社

　インドの国内線は、1990 年代に経済の自由化が始まるまで、国営の Indian Airlines（その後一応民営化され Indian という社名になり、現在では Air India に統合されている）1 社しかなく、価格も高く、サービスも悪く、時間もあてにならず、お役所仕事の典型であった。しかし、1990 年代はじめに Jet Airways が設立され、ここ数年は SpiceJet, IndiGo や Kingfisher などの民間会社が国内航空に参入し、主要路線は競合が激しい。そのため、価格も以前に比べると相対的に安くなり、サービスも向上してきている。

駅で列車に乗る
Taking a Train at the Station

Ari came to New Delhi Station one hour earlier than the departure time of the night train he will ride on. Since this is his first train trip in India, Ari is a little anxious. In the waiting room, he speaks to and asks a young man what to do before riding on the train.

アリは乗る予定の寝台急行の出発時刻より1時間早くニューデリー駅に来ました。インドでははじめての列車旅行なので、アリは少し心配になっています。待合室で、彼は若い男性に話しかけ、列車に乗る前に何をしたらよいのか尋ねます。

Ari : Excuse me, but can you tell me what to do before getting on the train? I am a foreigner and do not know what to do.

Young Man : No problem. You do one thing. ① You have to know from which platform your train departs. When the train comes, go to the car where your berth is and check your name on the reservation chart at the door of the car. If you can find your name on the reservation chart, your reservation has been pukka. ②

Ari : Does a conductor come to check my ticket?

Young Man : Yes. Usually, a conductor comes one or two hours after the departure.

Ari : If I feel thirsty or hungry, what shall I do? Are there any vending machines on the train?

Young Man : No. No vending machine. If you want to buy something, you have to jump off the train car on to the platform when the train stops at a station. Your train usually stops at main stations for a few minutes. There are some vendors selling snacks and tea in every station even at night. Our train doors are not automatic. So even if your train leaves you on the platform and starts moving, you can jump into your car.

Ari : It sounds inconvenient and dangerous, but it will be fun.

Young Man : Trains in India are not punctual. But trains are good for long distance travel. We do not have to change trains until we reach the destinations and we can sleep and talk a lot on the train. What is more, traveling by train is <u>cheap and best</u> ③ if you use second class berth.

Ari : Interesting. How about buses?

Young Man : Buses are cheaper and more frequent than trains. Buses are convenient for <u>intra-state</u> ④ travel, <u>matlab,</u> ⑤ travel within a state. We have inter-state bus services, but they are basically for traveling to neighbouring states. So trains are much more convenient for really long distance travel in this vast country.

Ari : I see. Thank you.

Ⓝotes

① You do one thing.
　他人に助言を与えるときの前ふりとして、インド人がよく使う表現。

② pukka [パッカー] ヒンディー語 「熟した」「本物の」「レンガ造りの」「確実な」
　反意語は kachcha [カッチャー].

③ cheap and best 「安くて良質の」
　インド人がよく使う句。

④ intra-state 「州内の」

⑤ matlab [マトラブ]
　「つまり」「私が言いたいのは」という意味のヒンディー語だが、英語の "I mean" 同様、挿入句的に用いられる。ヒンディー語での元来の品詞と意味は、名詞で「意味」という意。

アリ：すみません。列車に乗る前に何をしたらよいか教えてもらえませんか？　私は
　　　外国人で、何をしたらいいかわからないのです。

若い男性：へっちゃらですよ。こうすればいいのです。どのプラットホームからあな
　　　たの乗る列車が出発するのか調べてください。列車が来たら、自分の寝台がある車
　　　両へ行き、その車両の扉あたりに貼ってある予約表で自分の名前を確認することで
　　　す。予約表にあなたの名前があれば、予約は確実だということです。

アリ：車掌はチケットを確認しに来るのですか？

若い男性：はい。たいてい、出発してから１時間か２時間後に来ます。

アリ：のどが渇いたり、お腹が空いたりしたときは、どうすればいいですか？　自動
　　　販売機は列車の中にありますか？

若い男性：いいえ、自動販売機はありません。もし、何か買いたければ、駅に停車中
　　　に車両からホームに飛び降りて買いに行かねばなりません。列車はたいてい主要な
　　　駅で数分間停車します。どの駅にも物売りがいて、夜中でも、スナックや紅茶を売っ
　　　ています。列車のドアは自動ではありません。ですから、列車が発車してあなたが
　　　プラットホームに置き去りにされても、空いているドアから動いている列車に飛び
　　　乗ればいいのです。

アリ：それはまた不便で危険ですね。でもなんだか楽しそうです。

若い男性：インドの列車は時間に正確ではありません。しかし、列車は長距離旅行に
　　　はよいです。目的地まで乗り換えをする必要もないし、列車の中でたっぷり寝たり
　　　話したりできます。なにより、二等寝台車での旅行は安くて良質です。

アリ：なるほど。バスはどうですか？

若い男性：バスは列車よりも安く、本数も頻繁にあります。バスは intra-state の旅行、
　　　つまり、州内の旅行には便利ですよ。州と州をつなぐバスサービスもありますが、
　　　基本的に隣の州に行くためのものです。ですから、この広大な国で長距離旅行をす
　　　るには、列車のほうがずっと便利です。

アリ：なるほど。ありがとうございます。

28 駅で休憩
Taking a Break at a Station

Track
55

Ari safely arrives at Varanasi Junction Station early in the morning. Ari could not sleep well on the train. It is still dark outside. He thinks it is too early to check in at the hotel where he reserved a room. So he decides to take a short rest at the <u>retiring room</u> ① in the station. At the counter for the retiring room in Varanasi Junction Station.

アリは早朝、無事に Varanasi Junction 駅に着きました。アリは列車の中で十分寝ることができませんでした。まだ外は暗いので、アリは予約しているホテルにチェックインするのは早すぎると思いました。そこで、駅にある retiring room（駅の宿泊施設）で少し休もうと思いました。Varanasi Junction 駅の retiring room（宿泊所）のカウンターにて。

Ari : Excuse me, but is there a vacancy in the retiring room?

Clerk : Yes. But we have only <u>non-AC twin rooms</u> ② now.

Ari : Accha, that's fine with me. I want to take a rest for five hours <u>only.</u> ③

Clerk : <u>Theek hai.</u> ④ You pay 200 rupees as a <u>deposit</u> ⑤ now. When you check out, you settle the bill.

Ari : Theek hai. Here is 200 rupees. <u>Can I get a receipt for that?</u> ⑥

Clerk : Of course. This is the key to your room. Your room number is C-3. It is on the <u>1st floor.</u> ⑦ And this is the receipt for the deposit.

Notes

① retiring room

駅や空港にある宿泊施設。比較的安く料金も決まっているので便利だが、空室があることはあまりない。

② non-AC room

　インドでは部屋や車両にエアコンがないことを non-AC のように明示する。エアコン
がない部屋の場合、天井に大きな扇風機が付いている。「エアコン付きの」は AC. エ
アコン付きの部屋でも中級以下のホテルなら天井に punkah［パンカー］（扇風機）が
付いている。

③ only

　インド人は only を修飾する語の後ろに付けることが多い。また、意味も「～だけ」
以外に、強調の意味で用いられることが多い。たとえば、領収書に、Three Hundred
Rupees Only と書かれた場合、「300 ルピーだけ」ではなく「ちょうど 300 ルピー」
（Exactly Three Hundred Rupees）の意味になる。

④ theek hai［ティーク ハェ］ ヒンディー語 「よろしい」「OK」「よっしゃ」

⑤ deposit「前金」

　インドには deposit を預けるホテルが多い。家を借りるときも、家賃は前払いの場合
が多い。

⑥ Can I get a receipt for that?「領収書をいただけますか」

　前金を払ったら、きちんと領収書をもらったほうがいい。前金を払ったのに、チェッ
クアウト時に前金分を差し引かず、請求されることも多いからだ。

⑦ 1st floor

　インドではイギリス英語と同様、1st floor は 2 階のこと。

訳

アリ：すみません、宿泊施設に空きはありますか？

フロント係：はい。しかし、いまはエアコンなしのツインベッドの部屋しか空いてい
　ません。

アリ：はい、それで結構です。5 時間程、休憩したいだけですので。

フロント係：では、前金として、いま、200 ルピーお支払いいただきます。チェック
　アウトのときに、残額を払っていただきます。

アリ：はい結構です。どうぞ、200 ルピーです。領収書をいただけますか？

フロント係：もちろん。これがあなたの部屋の鍵です。あなたの部屋は C-3 です。2
　階にあります。そして、これが前金の領収書です。

29 オートリキシャに乗る
Hiring Autos

Scene 1

Track 56

Ari speaks to an <u>auto wallah</u> ① at Varanasi Junction Station.

アリは Varanasi Junction 駅でオートリキシャの運転手に話しかけます。

Ari : Namaste, <u>bhai sahib.</u> ② Ram Nagar Hotel <u>chalo ge?</u> ③

Auto Wallah : Ram Nagar Hotel? There are better hotels. Go to Malaviya Hotel.

Ari : No. Go to Ram Nagar Hotel. I have reserved a room in that hotel.

Auto Wallah : But sahib, Ram Nagar Hotel is expensive. Go to Malaviya Hotel. It is cheaper.

Ari : No, just go to Ram Nagar Hotel.

Auto Wallah : Accha, 500 rupees.

Ari : Are! According to my guidebook, Ram Nagar Hotel is just 3 kilometers from the station.

Auto Wallah : It usually costs 500 rupees from the station to Ram Nagar Hotel.

Ari : You are a liar, a swindler. <u>Tum jhuta ho.</u> ④ You are <u>khatarnak.</u> ⑤ OK, I will hire a prepaid taxi. It will be much cheaper.

Auto Wallah : Wait, wait. Then, how much can you pay?

Ari : 50 rupees.

Auto Wallah : 400 rupees.

Ari : No.

Auto Wallah : 300 rupees.

Ari : No.

Auto Wallah : 200 rupees.

Ari : No.

Auto Wallah : It is the price for your lunch, sir. You are rich. Give me
    200.

Ari : Accha, theek hai ⑥......

Notes

① auto wallah ［オート ワーラー］「オートリキシャの運転手」

wallah ［ワーラー］で「〜屋」「〜する人」。

② bhai sahib ［バーイー サーヒブ］「お兄さん」

男性への呼びかけで用いる。sahib ［サーヒブ］は「旦那」。saab ［サーブ］と発音さ
れることもある。

③ ... chalo ge ？［チャローゲ］

ヒンディー語で「〜へ行けますか？」の意味で、英語に混ぜて使ってもよい。オー
トリキシャやタクシーに乗るときに言う。ヒンディー語を話すと勘違いされ、
"Aap ko Hindi aatii hai?" ［アープ コ ヒンディー アーティー ハェ］、あるいは
"Aap Hindi bolte hain?" ［アープ ヒンディー ボールテー ハェン］（ヒンディー語
を話しますか）と聞かれたら、"naheen" ［ナヒーン］（いいえ）と冷たく言ってお
けば、それ以上話しかけられない。

④ Tum jhuta ho. ［トゥム ジューター ホ］ ヒンディー語 「君は嘘つきだ」

⑤ khatarnak ［カタルナーク］ ヒンディー語 「危険な」

だまそうとしてくる人に使うと効果的な表現。

⑥ theek hai ［ティーク ハェ］「OK」「よろしい」

英語の OK とほぼ同じ感覚で使える表現。

訳》

アリ：こんにちは、お兄さん。ラーム・ナガル・ホテルまで行けますか？

オートリキシャ運転手：ラーム・ナガル・ホテル？ もっといいホテルがありますよ。
    マーラヴィーヤ・ホテルに行きましょう。

アリ：いいえ。ラーム・ナガル・ホテルに行ってください。そのホテルに部屋を予約
    しているので。

オートリキシャ運転手：でも、ラーム・ナガル・ホテルは高いです。マーラヴィーヤ・ホテルに行きましょう。そのほうが安いですよ。

アリ：だめです。いいからラーム・ナガル・ホテルに行ってください。

オートリキシャ運転手：よろしい。では 500 ルピー。

アリ：あれれ！　私のガイドブックによると、ラーム・ナガル・ホテルは駅からたった 3 キロですよ。

オートリキシャ運転手：普通、駅からラーム・ナガル・ホテルまでは 500 ルピーですけど。

アリ：あんたは嘘つきで、悪党です。あんたは大嘘つきで、危険です。いいです。プリペイドタクシーを使いますので。そちらのほうがずっと安いでしょうから。

オートリキシャ運転手：待って、待って。では、いくらなら払えますか？

アリ：50 ルピー。

オートリキシャ運転手：400 ルピー。

アリ：だめ。

オートリキシャ運転手：300 ルピー。

アリ：あきまへん。

オートリキシャ運転手：200 ルピー。

アリ：まだまだ。

オートリキシャ運転手：200 ルピーは旦那の昼食代くらいのお金でしょう。あなたはお金持ちでしょう。200 ルピーにしてくださいな。

アリ：ま、いいか。

Scene 2

Track 57

Ari wants to see <u>ghats</u> ① on <u>the Ganga</u> ② in the evening. So he goes out of the hotel and speaks to an auto wallah to hire an <u>auto</u>. ③

アリは夕方のガンジス河のガートを見たいと思っています。そこで、彼はオートリキシャを頼もうと、ホテルの外にいるオートリキシャの運転手に話しかけました。

Ari : <u>Namaste ji,</u> ④ go to <u>Dashashwamedh Ghat.</u> ⑤
Auto Wallah : Yes, sahib. 500 rupees.
Ari : No. Go by meter.

Auto Wallah : The meter is broken.

Ari : Then get a new one.

Auto Wallah : No. I am poor. 400 rupees.

Ari : No. Go by meter. I think it works.

Auto Wallah : This meter is very old. I have no money to buy a new one.

Ari : Then don't you have a <u>fare adjustment chart?</u> ⑥

Auto Wallah : No. I lost it.

Ari : Accha, <u>you do one thing.</u> ⑦ Go by meter. Then I will give you 200 rupees as extras.

Auto Wallah : Accha, sit!

After a while, the auto arrives at Dashashwamedh Ghat.

Ari : Wah, we have come to the ghat. [*Looking at the meter*] <u>Are,</u> ⑧ the meter says it is just 45 rupees.

Auto Wallah : No. This is old. It is 450 rupees.

Ari : Accha, then show me the fare adjustment chart.

Auto Wallah: No, I lost it.

Ari : Accha, I will give you just 45 rupees. The meter tells the truth.

Auto Wallah : No, no, give me 400 rupees. You said it.

Ari : No, no, <u>meter sach kehata hai!</u> ⑨ Namaste thank you. [*Ari goes away!*]

Notes ──●

① ghat [ガート]

　　ghat はヒンディー語で「川岸から川へ降りる階段」のことで、そこで沐浴、火葬、洗濯などがおこなわれる。

② the Ganga [ディ ガンガー]「ガンジス河」

　　ヒンディー語式発音。定冠詞 the は [di] と発音されることが多い。

③ auto=auto rickshaw.

④ namaste ji

　　ji［ジー］を namaste に付けると、より丁寧なあいさつになる。

⑤ Dashashwamedh Ghat［ダシャーシュワメード ガート］

　　バラナシの有名な ghat［ガート］.

⑥ fare adjustment chart「料金調整表」

　　インフレが激しく物価上昇が速いインドでは、タクシーやオートリキシャのメーター
　　の更新が物価上昇についていけない。そのため、多くの運転手がメーターを更新せず、
　　その代わりに fare adjustment chart を持っている（はずである）。

⑦ you do one thing「まず、これをしたらどうですか」

　　他人に命令や助言をするときによく言う表現。

⑧ are［アレ］

　　驚きを表す間投詞。ヒンディー語だが日本語の間投詞「あれ」と意味も用法も似てい
　　て、日本人にもとっつきやすい。

⑨ meter sach kehata hai［ミータル サッチ ケヘター ハェ］ ヒンディー語
　　= the meter tells the truth.

　　タクシーやオートリキシャでの料金交渉で用いると効果的な表現。

訳 ≫

アリ：こんにちは。ダシャーシュワメード・ガートに行けますか？

オートリキシャ運転手：はい、はい。500 ルピーになります。

アリ：いえ、メーターで行ってください。

オートリキシャ運転手：メーターは壊れています。

アリ：それでは、新しいのを付けたら？

オートリキシャ運転手：ムリです。お金がないから。400 ルピーでどうです？

アリ：だめですよ。メーターで行ってくださいな。そのメーターは動くと思います。

オートリキシャ運転手：このメーターはとても古いのです。新しいメーターを買うお
　　金もありません。

アリ：では、料金調整表は持っていないのですか？

オートリキシャ運転手：いいえ。なくしてしまいました。

アリ：なるほど、ではこうしましょう。メーターで行ってください。そうしたら、余分に200ルピー払います。

オートリキシャ運転手：よろしい、お座んなさい！

しばらくして、オートリキシャはダシャーシュワメード・ガートに着きました。

アリ：おお、ガートに着いた。[メーターを見て]あれれ、メーターはたったの45ルピーと表示してますな。

オートリキシャ運転手：違うのです。このメーターは古いのです。450ルピーですよ。

アリ：では、料金調整表を見せてください。

オートリキシャ運転手：ありません。なくしました。

アリ：じゃあ、45ルピーを渡しましょう。メーターは真実を語る。

オートリキシャ運転手：違う、違う、400ルピーです。あなたがそう言ったんです。

アリ：いや、いや、メーターは真実を語る、です！ さようなら、ありがとさん〜。[アリ、立ち去る！]

タクシーやオートリキシャの料金交渉のコツ

　都会を離れて田舎に行くとインドの人たちは素朴になる。逆に、都会や観光地では、外国人だけでなくインド人の観光客も生活に余裕があるとみなされ、タクシーやオートリキシャを利用するたびに料金交渉することになってしまう。語学に自信がない場合、あるいは料金交渉が面倒な場合は、実際の相場よりもずっと高いが前払い（prepaid）で利用したほうがいい。一方、タクシーやオートリキシャの運転手たちと丁々発止とやり合うことをいとわない人は、料金交渉もインド滞在の醍醐味だと思って楽しむとよい。タクシーやオートリキシャの運転手は海千山千で、ありとあらゆる手段を使って、少しでも多くの料金をもらおうとする。たとえば、こちらの地理不案内をいいことに、メーターどおりに行かせても、遠回りをされたり、別の場所に連れて行かれるなど、一筋縄ではいかない。あるいは、運賃以外に荷物の料金を要求したり、人数に比例して高い料金を要求した

り、親しげに世話を焼いて最後にチップを要求することもある。筆者は、乗る前に、メーターで行くように交渉するが、断られた場合に備えて、事前に信頼できるインド人に料金の相場を尋ねておき、その相場をもとに料金交渉することが多い。あるいは、行き先だけを告げて、目的地に着いてから料金の交渉をすることもある。このやり方だと、安全で時間のロスもない。こちらが急いでいたり、地理不案内だと、付け込んでくることが多いが、目的地に到着してこちらに余裕があると運転手側は苦戦することになる。筆者は財布にお金をほとんど入れておかず、財布の中身を見せて「お金がない」と料金を値切ったこともある（そのときはさすがのインド人運転手も泣きべそをかいていた）。

　タクシーやオートリキシャの運転手の収入は、概して、中間層よりも少し低い程度で、彼らの暮らしはそんなに貧しくない。しかし、車両を自己所有している人は多くなく、多くの場合、車両を親方から借りているか、親方の取った客を親方の所有する車両に乗せるかである。車両を自己所有するお金をためるために、少しでも裕福な人を乗せると、がめつくお金を要求する運転手も多い。車両を自己所有した後も、道路の状態が悪いため車両の維持費が高くつくので、やはりがめつさは変わらない。また、自分の子どもを中間層に新規参入させようと子どもを学費の高い私立学校に行かせるなどすると、やはり出費がかさむ。結局、どうしてもがめつくなるのである。また、インドに根付いている喜捨（富める者が貧しい者に金品を与えること）の習慣も、このようながめつさの背景になっている。喜捨は、本来はインド在来ではないイスラームの習慣であるが、イスラームのインドへの侵入と定着とともに、インドのイスラーム以外の宗教にも影響を与えている。タクシーやオートリキシャを利用するのは中間層以上の人たちなので、自分たちよりも裕福な人に対してお金を多めに要求するのは、このような背景による。

30 ガンジス河でボートに乗る
Taking a Boat Ride on the Ganga

Scene 1

Track 58

Ari tries to take a boat ride on the Ganga. Ari speaks to a young man on a boat, who looks like the owner of the boat.

アリはガンジス河で船に乗ろうとしています。アリは船の持ち主らしい若い男性に話しかけます。

Ari : Namaskar. When will the boat start?

Young Man : At 6:30. You can get on. Now it is 6:15. You wait for 15 minutes on the boat.

Ari : How much is the fare?

Young Man : You decide.

Ari : Accha, UP Government ① Tourism pamphlet says it ranges from 50 to 100 rupees per hour.

Young Man : Accha. Theek hai. ② You can watch the evening aarti ③ from the boat at around 7 o'clock.

🄝otes

① UP government [ユー ピー ガヴァルメント] 「ウッタル・プラデーシュ州政府」

UP は Uttar Pradesh の略。Uttar Pradesh は文字どおりの意味は「北の州」で、インドでもっとも人口が多い州である（人口は2億人以上）。

② theek hai [ティーク ハェ] ヒンディー語 「よろしい」「OK」

③ aarti [アールティー] 「火を神にささげる儀式」

儀式や聖者を拝見することを darshan [ダルシャン]（元来は「見ること」の意味）と言う。ちなみに、インドの国営テレビを Doordarshan [ドゥールダルシャン] と言うが、door [ドゥール] は「遠い」の意であることから、この語は英語の television (tele 「遠い」＋ vision「見ること」) の直訳であることがわかる。

訳 》

アリ：こんばんは。船はいつ出発しますか？

若い男性：6 時 30 分です。乗っていいですよ。いま、6 時 15 分ですので。15 分待てば出発です。

アリ：料金はいくらですか？

若い男性：あなたが決めてください。

アリ：そうですか。ウッタル・プラデーシュ州政府の旅行者用パンフレットには、1 時間 50 から 100 ルピーだと書いてあります。

若い男性：それで結構。OK です。7 時頃にはボートから夜の火の儀式（アールティー）が見られますよ。

Scene 2

Ari gets on the boat. At 6:30, the boat started. The boat is rowed by two boatmen. One is old while the other is young. The owner of the boat sometimes yells at the boatmen and seems to be telling them to do something. Ari speaks to the boat owner.

アリは船に乗っています。6 時 30 分に船が出発。船はふたりの船頭によって漕がれています。ひとりは年寄りで、もうひとりは若者です。船のオーナーが、ときどき、船頭に叫んで何か指示しているようです。アリは船のオーナーに話しかけます。

Ari : What are we going to watch?

Boat Owner : We are going to watch the evening aarti. Then I will show you a <u>bathing ghat</u> ① where pious people are bathing in the Ganga. Next, we will see a <u>burning ghat</u> ② where people cremate dead persons.

Ari : I see. [*Pointing at people on the ghat*] What are they doing on the ghat?

Boat Owner : They are performing aarti. You see, some have fire in their hands and are circulating them. One man has a metal pot. Smoke is coming out of the pot. That smoke is incense smoke. Some are doing <u>pujas</u> ③ and others are singing a <u>bhajan.</u> ④

Ari : Beautiful.

Boat Owner : It will continue for anther 30 minutes. Sir, since you have come to Varanasi, you should watch people bathing in the Ganga in the morning. If you watch it, you can understand how we Hindus see life.

ⓝotes ──────────────────────────────────

① bathing ghat「沐浴をするガート」
② burning ghat「火葬をするガート」
③ puja [プージャー]「お祈り」
④ bhajan [バジャン] ヒンドゥー教の神への献身をうたう賛歌

訳》

アリ:これから何を見るのですか?

船のオーナー:夕方のアールティーを見ます。そして、沐浴ガートをお見せします。沐浴ガートでは、敬虔な人たちがガンジス河で沐浴をしているのです。次に、火葬ガートを見ます。火葬ガートでは亡くなった方の火葬をしています。

アリ:そうですか。[ガートにいる人たちを指差して]あの人たちはガートで何をしているのですか?

船のオーナー:あの人たちはアールティー(火を神にささげる儀式)をおこなっています。ほら、何人かは手に火を掲げ、その掲げた火をぐるぐる回しています。男性がひとり金属製の壺を持ち、その壺から煙が出ているでしょう。あの壺から上っている煙は香木の煙です。お祈りする人もいれば、バジャンを歌う人もいます。

アリ:美しいですね。

船のオーナー:アールティーはこれから30分続きます。お客さん、バラナシに来たからには、朝のガンジス河の沐浴を見るべきです。それを見たら、私たちヒンドゥー教徒が人生をどう考えているのかわかるでしょう。

31 タージマハル観光
Sightseeing in the Taj Mahal

Scene 1

Track
60

After coming back from Varanasi, Ari feels he wants to see India more. So he decided to make a day trip to Agra, which is famous for the Taj Mahal, one of the UNESCO World Heritage Sites. To arrange a package tour to Agra, he goes to a travel agent near Connaught Place. ①

バラナシから帰ってきて、アリはインドをもっと見たいと思っています。そこで、UNESCO の世界遺産のひとつであるタージマハルで有名なアグラへ日帰り旅行をすることにしました。アグラへのパッケージツアーを手配するために、アリはコンノートプレイスの近くの旅行代理店へやってきました。

Ari : Excuse me, but is there any good package tour to Agra? I definitely want to see the Taj Mahal.

Clerk : Yes, we have many kinds. Do you like bus tours? If you like, we can arrange car tours to Agra.

Ari : How are bus tours? Tell me the itinerary.

Clerk : The bus leaves at 7 o'clock in the morning from Connaught Place. Of course, the bus is air-conditioned. A little later at 9 o'clock we stop at a café on the way to take breakfast. We arrive in Agra at around 11 o'clock and visit Akbar's Tomb first. Then we visit the Taj Mahal at around 12:30. We have buffet lunch at a five-star hotel at two o'clock and then visit Agra Fort. After that we visit some shops for souvenirs. We leave Agra for Delhi at 5 o'clock. We stop at dhaba, ② a road side canteen for a rest and evening snacks at 7 o'clock. We come back to Delhi at 10 pm.

Ari : It sounds interesting. How much is it?

Clerk : It is 1,500 rupees only. ③

Ari : It is reasonable. Can you explain about a car tour?

Clerk : Basically, the itinerary is the same as the bus tour. But we use a comfortable big car.

Ari : How much is it?

Clerk : It depends on the car you hire. It will be 3,500 rupees, 4,500 rupees, 5,500 rupees, or 8,500 rupees depending on the type of the car.

Ari : Wow, it is expensive. Is there any other way to go to Agra?

Clerk : If you go to Agra by train, it is good to try the Bhopal Shatabdi Express. ④ It is the fastest express train in India. You can go to Agra in two hours. Besides, it is punctual and seldom late. The fare is not expensive. It is 370 rupees for one way. It includes snacks and tea. You can buy tickets here if you don't mind paying 50 rupees commission per ticket.

Ari : I don't mind it at all. I will buy the tickets here. I want to go to Agra on Sunday, 14 November...

Ⓝotes

① Connaught Place「コンノートプレイス」

ニューデリーの商業・ビジネスの中心地。地下に Palika Bazaar というショッピングセンターがある。Palika Bazaar に入場するときは、セキュリティーチェックを受けねばならない。

② dhaba [ダッバー] ヒンディー語 「幹線道路沿いにあるドライブイン」

ぼったくりの店が多いので注意。

③ only インド英語では後ろに付けることが多い。「～だけ」の意味の他、強調するときに用いる。

④ Bhopal Shatabdi Express「ボーパール・シャターブディー急行」

ボーパール・ニューデリー間を 1 日一往復するインド最速の特急列車。ニューデリーからアグラまで 2 時間弱で着く。軽食が出るのがありがたい。

アリ：すみませんが、アグラ行きのよいパッケージツアーはありませんか？　絶対タージマハルを見たいのです。

店員：はい、たくさんございますよ。バスツアーはどうですか？　お車がよければ、アグラへのお車でのツアーもご用意できます。

アリ：バスツアーはどんな感じですか？　旅程を教えてください。

店員：コンノートプレイスから、朝7時にバスが出発します。もちろん、バスにはエアコンが付いています。9時過ぎに途中のカフェで朝食をとります。アグラに着くのは11時頃で、まずアクバル廟を訪ねます。そして、12時半頃にタージマハルへ行きます。2時に5つ星ホテルでビュッフェランチをとり、それからアグラ城を訪ねます。その後、いくつかの土産物屋に行きます。5時にデリーへ帰るためにアグラを出発します。7時に、道路沿いにあるドライブインで休憩し、軽食をとります。デリーに戻ってくるのは午後10時です。

アリ：おもしろそうですね。おいくらですか？

店員：1,500ルピーです。

アリ：それはお手ごろですね。車でのツアーの説明をしてもらえますか？

店員：基本的に旅程はバスツアーと同じです。快適な大型の乗用車を使うのがバスツアーとの違いです。

アリ：車でのツアーはおいくらですか？

店員：使う車種によって値段が異なります。車種によって、3,500ルピー、4,500ルピー、5,500ルピー、8,500ルピーになります。

アリ：わぁ、高いですね。その他にアグラへ行く手段はありますか？

店員：列車を使うなら、ボーパール・シャターブディー急行を試してみるといいですよ。インドでいちばん速い急行で、アグラまで2時間で行けます。さらに言うと、ぴったり時間どおりに運行し、めったに遅れません。運賃も高くなく、片道370ルピーです。軽食や紅茶の代金も運賃に含まれています。切符一枚につき手数料として50ルピーをお支払いいただくと、当店で切符をお求めになれます。

アリ：手数料50ルピーなど安いものです。この店で切符を買いますよ。アグラに行きたいのは、11月14日の日曜日です……

Scene 2

Ari arrives at Agra Cantonment Station. He hires a prepaid taxi. The driver speaks to Ari.

アリはアグラ駅に着き、プリペイドタクシーを雇いました。運転手がアリに話しかけます。

Driver : Sahib, where do you want to go?

Ari : First, the Taj Mahal. Next, Agra Fort and some other interesting places.

Driver : Accha. Do you want to buy carpets?

Ari : No. I am not at all interested in carpets. Just go to the Taj Mahal first.

Driver : Yes, sahib. [*Driving the car*] What is your native place, sahib?

Ari : I am from Japan. [*Looking at the driver's ID*] Oh, are you a Muslim? Aadaab arz. ① Then you must be proud of the Taj Mahal and glorious Indo-Islamic culture your ancestors accomplished.

Driver : Yes, sahib. The great-grandfather of my great-grandfather came to India from Afghanistan more than 200 years ago to do his carpet business . Our family was rich. But my father failed in business. So I could not go to college and am working as a driver.

Ari : I see. But you should be proud of being a driver. It is an interesting job. Anyway, the Taj Mahal is the pride of all Indians as well as the Muslims.

Driver : Yes, sahib. I am an Indian before I am a Muslim. I am proud of being an Indian Muslim. Accha, we are coming close to the Taj Mahal. You can see the dome...

Ari : Wah, wah. ② It is great. It is beautiful.

Driver : [*Parking the car in the parking lot*] Sahib, I will wait here for you. Take your time and enjoy the Taj Mahal. Go straight on this road and then you will see a ticket gate. There you can buy an

admission ticket. For foreigners admission fees are expensive. ③ We
are sorry for that. But that money is used for the maintenance of the
Taj Mahal.

Ari : Thank you. I will come back here by 2 pm. Can I have your <u>mobile
number</u>④ so that I can contact you when I get lost?

Driver : Accha, sahib. [*Writing his mobile number on a piece of paper*]
This is my number.

Notes

① aadaab arz [アーダーブ アルズ]

　イスラーム教徒の丁寧なあいさつ。

② wah [ワー] 称賛、感嘆を表す間投詞

③ 2011 年末時点、750 ルピー（約 1200 円）。

④ mobile

　インドでは携帯電話を cellphone よりも mobile と言うことが多い。現在、携帯電話は
　全人口の 4 割以上に普及していると言われ、オートリキシャの運転手もほとんど持っ
　ている。オートリキシャやタクシーを待たせるとき、運転手の番号を尋ねておくとよい。

訳》

運転手：お客さん、どこへ行きなさる？

アリ：まず、タージマハル。次に、アグラ城に行って、それからその他の観光地へ行
　きたいですね。

運転手：なるほど。じゅうたんの買い物はどうです？

アリ：いいえ結構です。じゅうたんにはまったく興味ないので。まずはタージマハル
　へ行きましょう。

運転手：はい、お客さん。[運転しながら] ご出身はどこですか、お客さん？

アリ：日本です。[運転手の ID を見て] おや、あなたはイスラーム教徒ですね？ アー
　ダーブ・アルズ（イスラーム教徒式の挨拶で、こんにちは）。じゃあ、ご先祖がつ

くりあげたタージマハルや栄光あるインド・イスラーム文化がご自慢でしょう。

運転手：はい、お客さん。私の曽祖父の曽祖父がじゅうたんを商うためにアフガニスタンから来たのは、200 年以上も前のことです。かつて私の家は裕福でしたが、私の父が商売で失敗したので、私は大学に行けず、運転手をしている次第で。

アリ：なるほど。でも、あなたは運転手の仕事に誇りをもつべきです。おもしろい仕事じゃありませんか。それはともかく、タージマハルはイスラーム教徒だけでなく、全インド人にとっての誇りですね。

運転手：はい、お客さん。私はイスラーム教徒である前にインド人です。私はインドのイスラーム教徒であることに誇りをもっています。さあ、タージマハルの近くに来ましたよ。ドームが見えるでしょう。

アリ：おお、すごい。すばらしい。美しい。

運転手：［駐車場に車を停めて］お客さん、私はここであなたを待っています。じっくりとタージマハルを楽しんできてください。この道をまっすぐ行けば、入場券売り場が見えます。そこで入場券を買ってください。外国人の入場料は高くて申しわけないですが、そのお金はタージマハルの維持に使われます。

アリ：ありがとう。午後 2 時までにはここへ戻ってきます。迷ったときにあなたと連絡が取れるように、携帯電話の番号を教えてもらってもいいですか？

運転手：わかりました、お客さん。［紙に携帯電話の番号を書いて］これが私の番号です。

32 押し売りガイドに対処する
Dealing with a Touting Guide

(Scene 1)

Track
62

Ari enters the ticket gate of the Taj Mahal. While he is walking towards the UNESCO World Heritage site, a man speaks to Ari.

アリはタージマハルのチケットゲートを通りました。UNESCO 世界遺産であるタージマハルへ向かって歩いていると、男性がアリに話しかけてきました。

Man : Hello, sir. Are you from China?

Ari : No, I'm from Japan.

Man : Oh, you are from Japan. Japan is an advanced country. Hiroshima, Nagasaki, Kyoto... Do you know about the love story of Mughal Emperor Shah Jahan and his wife Mumtaz Mahal?

Ari : No. I don't know much about Indian history.

Man : Mumtaz Mahal married Shah Jahan in 1612. She was 19 years old at that time. Shah Jahan is the 5th emperor of the Mughal Empire. Mumtaz Mahal was engaged to Shah Jahan in 1607 when she was just 14 years old. Shah Jahan was one year older than Mumtaz Mahal ...

Ari : Accha...

Man : Shah Jahan loved her so much. Mumtaz Mahal bore Shah Jahan 14 children including Aurangzeb, the 6th emperor.

Ari : Accha, accha... ①

Notes

① accha, accha [アッチャー アッチャー]
　　ここでは「あ、そう」程度の意味。

訳 〉

男性：こんにちは。あなたは中国人ですか？

アリ：いいえ、日本人です。

男性：おぉ、日本人ですか。日本は先進国です。ヒロシマ、ナガサキ、キョート……あなたはムガル帝国の皇帝シャー・ジャハーンと妻ムムターズ・マハルのロマンスを知っていますか？

アリ：いいえ。インドの歴史はあまり知りません。

男性：ムムターズ・マハルはシャー・ジャハーンと 1612 年に結婚しました。彼女はそのとき 19 歳でした。シャー・ジャハーンはムガル帝国の第 5 代目の皇帝です。1607 年にムムターズ・マハルはシャー・ジャハーンと婚約しましたが、そのとき彼女はわずか 14 歳でした。シャー・ジャハーンはムムターズ・マハルよりもひとつ年上でした……

アリ：あ、そう……

男性：シャー・ジャハーンはムムターズ・マハルをとても愛していました。ムムターズ・マハルはシャー・ジャハーンとの間に 14 人の子どもをもうけました、そのなかには第 6 代皇帝アウラングゼーブもいます。

アリ：あ、そう……

Scene 2

Track 63

Ari ignores the man and enters the building.

アリはその男性を無視して、建物の中に入ります。

Man：Sir, 500 rupees. I guided you around. You have to pay.

Ari：I don't have to pay because I wasn't listening to you!

Man：No, ① you were listening! You were listening!

Ari : No, I wasn't listening to you. And I didn't ask you to guide me around. Why do I have to pay?

Man : No, you have to pay. I guided you. I worked for you.

Ari : No. You haven't worked for me at all. You just disturbed me. You are just giving me trouble even now.

Man : No, no. I'm not giving you any trouble. I'm just working for you. So pay me 500 rupees.

Ari : Then, shall we go to the security guards over there? Your government is promoting a campaign to improve the treatment of foreign tourists. Have you ever heard a phrase "Athiti Devo Bhavagh"? ② It is in TV advertisements by the Ministry of Tourism. I suppose you are a Muslim. "Khuda gawah hai." ③ Your God Allah is witnessing you. Telling lies is prohibited in Islam. ④ You won't be able to go to heaven.

Ⓝotes

① No

標準的な英語では Yes. インドの多くの言語では、Yes と No の相当語句は、前の発言への同意・非同意を表すので、インド英語でも同じように Yes と No が用いられる。

② Athiti Devo Bhavagh［アティーティー デーヴォ バヴァ］

The guest is God の意味（どこかで聞いたことのあるセリフですね）。

③ Khuda gawah hai［クダー ガワー ハェ］

ウルドゥー語で「（イスラームの）神様はご覧になっている」の意味。映画の題名にもなっているのでムスリム以外にも比較的通じる。

④ Telling lies is prohibited in Islam.

イスラームでは、嘘、飲酒、豚肉摂取、賭博、利息取得などを禁じている。

男性：お客さん、500ルピーです。私はあなたのガイドをしました。払ってください。

アリ：私はあなたの話を聞いていませんでしたから、お金を払う必要はありません！

男性：いいえ、あなたは聞いていました！　聞いていました！

アリ：いいえ、あなたの話は聞いていません。ガイドしてほしいと頼んでもいません。なのに、なぜお金を払わなければいけないのですか？

男性：違います。あなたは私にお金を払わなければいけません。私はガイドしました。あなたのために働きました。

アリ：いいえ。あなたは全然、私のために働いていません。あなたはただ私の邪魔をしただけです。いまも、あなたは私を困らせているだけではないですか。

男性：いいえ、いいえ。私はあなたを困らせてなんていません。ただ、あなたのために働いているのです。だから、私に500ルピー払ってください。

アリ：では、そこの警備員のところに行きましょうか？　あなたの国の政府は外国人観光客への態度を改善するキャンペーンを推進しています。「アティーティー・デーヴォ・バヴァ（お客様は神様です）」というセリフを聞いたことはないですか？このセリフはインド観光省のテレビコマーシャルで使われています。あなたはイスラーム教徒のようですが、「クダー・ガワー・ハェ（神様はご覧になっています）」ですよ。あなたの神アッラーはあなたをいつも注視しています。嘘をつくことはイスラームでは禁じられています。あなたは天国に行くことができませんよ。

33 しつこい土産物売りに対処する
Dealing with Importunate Vendors

Scene 1

Track 64

Ari goes to Agra Fort. ① *When he goes out of the taxi, many vendors crowded around him.*

アリはアグラ城にやってきました。タクシーを降りると、彼の周りに物売りがたくさん集まってきました。

Man A : Hello, sir. Buy this. This postcard is cheap. Only 100 rupees for 5 sheets.

Man B : Hello, sir. Buy this map. It is 400 rupees only. And I can guide you around.

Man C : Photograph? I will take a photo of you and give it to you. It is only 600 rupees.

Ari : No thank you. [*To Man A*] Postcards you sell are very dirty. I want clean ones.

Man A : I have clean ones. [*Wiping the dirty ones with his sleeve*] Look! This is very clean. Very clean!

Ari : It has become dirtier. No, thank you. [*To Man B*] Your map is also very dirty and looks old. Is this a secondhand map?

Man B : No, no. This is new. India is very hot. So it looks old. And this is clean. In India every map looks like this.

Ari : No, I don't want it. I have a guidebook. It has a detailed map of Agra Fort. My guidebook is more informative than your map. Nobody will buy it.

① Agra Fort「アグラ城」

観光地では、このダイアローグのように物売りが群がってくる。2011年末に行ったときはタクシーのドアに手を入れてドアを閉めさせないしつこい物売りもいた（こういうときに、車のドアで手を挟むと、またそれをネタにたかってくるのでご用心。対処法として、筆者はその物売りが手に持っていた売物を取り上げ、車外にポイと放り投げた。すると、物売りは手を引き抜いて、売物をあわてて取りに行った）。

訳

男性 A: こんにちは。これを買って。このはがきは安いよ。5枚で100ルピーだよ。

男性 B: こんにちは。この地図を買って。たったの400ルピーだよ。それにガイドもします。

男性 C: 写真はいかが？　あなたの写真を撮って、写真を差し上げます。たったの600ルピーです。

アリ: いらない、いらない。［男性Aに］あなたの売っているはがきはとても汚いですね。きれいなはがきが欲しいな。

男性 A: きれいなはがきもありますよ。［服の袖で汚いはがきを拭いながら］ほら、とてもきれいです。とてもきれい！

アリ: もっと汚くなってしまったね。いらない、いらない。［男性Bに］あなたの地図もとても汚れていて、いかにも古そうですね。中古品でしょう？

男性 B: 違う、違う。これは新品です。インドはとても暑い。だから古く見えるのです。それに、この地図は汚れていません。インドではどの地図もこんな見た目なのです。

アリ: いや、いらないです。私はガイドブックを持っています。これにはアグラ城の詳しい地図が載っているのです。私のガイドブックはあなたの地図よりずっと詳しいですよ。だれもあなたの地図なんて買いませんよ。

Scene 2

Boy C takes a photo of Ari without his approval and starts demanding money.

男性Cがアリの了解を得ずに写真を撮って、お金を要求し始めます。

Man C : Sir, this is your photo. Give me 600 rupees.

Ari : No! I haven't asked you to take a photo. You took my photo without my permission.

Man C : But I took your photo. Give me money for it. OK, give me 500 rupees only. It is cheap!

Ari : No you took my photo without my permission. It is a crime. You can't demand money. I can demand money. You violated my human rights. Pay me 600 rupees.

Man C : No, you pay me 500 rupees. You are rich. I am poor. You have to pay!

Ari : No, no. I am poor. I have no house, no wife, no money. If you demand more, I will call the police.

Man C : No police is there. ① Give me 500 rupees.

Ari : No, I won't spend any money here. I am a kanjoos! ②

Man C : You are a kanjoos?

Ari : Yes, I am kanjooson ka kanjoos! ③ Go away and find somebody else.

Notes

① ... is there. 「～がいる」「～がある」

　インドでは There is... よりも ... is there. と言うことが多い。

② kanjoos [カンジュース] 「ケチん坊」（もとはヒンディー語）

③ kanjooson ka kanjoos [カンジューソン カ カンジュース] 「ケチ中のケチ」「ど

ケチ」

類例として rajon ka raj「王様のなかの王様」「大王」、khanon ka khan「カーンのなかのカーン」「カーンの王様」などがある。

訳 ▶

男性 C: 旦那、あなたの写真です。600 ルピーください。

アリ: いやです！　写真を撮ってくれなんて頼んでいませんので。あなたが勝手に撮ったのです。

男性 C: でも、私はあなたの写真を撮ったのです。だから、写真代をください。じゃあ、500 ルピーでいいです。安いでしょう！

アリ: いいえ。あなたが勝手に私の写真を撮ったのです。これは犯罪です。お金を要求できるのはあなたでなく、私です。あなたは私の人権を侵害しました。だから、私に 600 ルピー払いなさい。

男性 C: いいえ、あなたが私に 500 ルピーを払うのです。あなたは金持ちで、私は貧しい。だから、あなたが払うのです！

アリ: いや、いや、私こそ貧しいです。家もなく、妻もなく、お金もない。これ以上お金を要求したら、警察を呼びますよ。

男性 C: 警察はいません。私に 500 ルピーください。

アリ: いいえ、私はここでは一銭も使いませんよ。私はケチん坊ですから。

男性 C: あなたはケチん坊なのですか？

アリ: はい、私はケチ中のケチのドケチです！　私にかまわず、他の人の所へ行ったらどうですか。

34 エピローグ
Epilogue

Ari worked for three years in India. When he came back to Japan, his girlfriend in Japan told him that she could not wait for him and that she had found a new boyfriend. Ari was shocked and broken-hearted. One day he visited an Indian restaurant in Nishikasai to console himself and remember India.

アリのインド勤務は3年間でした。インドの勤務を終えて日本に帰国すると、アリを待てなかった彼女は新しい彼氏を見つけていました。傷心のアリは、インド勤務時代を懐かしんで西葛西のインドレストランへ行きました。

Ari : [To *a waiter*] Excuse me, can I have the menu?

Waiter : Yes, sir. Here it is. Set lunches are cheap and best here, sir.

Ari : Oh, Lunch Set A looks good. It is a set menu of naan, two kinds of curry, tandoori chicken, salad, and chai.

Waiter : Which curry would you like, sir? You can choose any two from the menu.

Ari : Accha..., I'll have aloo gobhi and mutton curry.

Waiter : Accha. Your pronunciation of Hindi words is very good. Are you Nepali?

Ari : No, I'm Japanese. I worked in India for three years.

Waiter : Accha! Where were you working in India?

Ari : In Delhi. I'm working for Kisuzu Motors.

Waiter : Kisuzu Motors in Delhi? My niece is working for that company.

Ari : Accha!?

Waiter : Her name is Sneetha. Do you know her?

Ari : Of course, I know her! How is she now?

Waiter : She has come to Japan to meet her Japanese friend. She said she loves him but he doesn't notice.

Ari : Accha!?

Waiter : Sneetha knew that the boy had been rejected by his girlfriend. She came to Japan to let the boy know who really loves him.

Ari : Accha!!!!!!!!!

Waiter : The name of the boy is Ari. It sounds like a Muslim name, isn't it?

Ari : Accha!!!!!!!!!

訳 ▶

アリ：［ウェイターに］すみません、メニューを見せてください。

ウェイター：はい、お客様、メニューでございます。ランチセットが安くていいですよ。

アリ：ランチセットのAがいいね。ナン、カレー2種類、タンドゥーリーチキン、サラダ、チャイのセットですね。

ウェイター：どのカレーにしますか、お客様。メニューから2種類をどれでも選べます。

アリ：そうですね、ジャガイモとカリフラワーのカレー、それにマトンカレーをお願いします。

ウェイター：ほほう、あなたのヒンディー語の発音は非常にすばらしいですが、あなたはネパール人ですか？

アリ：いいえ、私は日本人です。でも私は3年間インドで働いたことがあります。

ウェイター：ほほう、インドのどこで働いていたのですか？

アリ：デリーです。私はキスズ自動車で働いています。

ウェイター：デリーのキスズ自動車？　実は、私の姪がその会社で働いているのですよ。

アリ：へえ、そうなのですか！？

ウェイター：名前はスニータです。知っていますか？

アリ：もちろん知っています！　彼女は元気ですか。

ウェイター：スニータは日本人の友達に会いに日本へ来ているのですよ。スニータは

その友達のことが好きなのに、その友達は気づいていないそうです。

アリ：ええっ？

ウェイター：スニータはその日本人の青年が彼女に振られたことを知って、彼のことをいちばん好きなのはスニータだ、と伝えに来たのです。

アリ：えええっっっ？

ウェイター：その青年の名前はアリです。ムスリムみたいな名前ですね。

アリ：ええええええっっっっっっ？

Scene 2

Track
67

Then, Sneetha enters the restaurant and finds her uncle (the waiter).

そのとき、スニータがレストランに入ってきて、叔父のウェイターを見つけました。

Sneetha：Hi, Uncle. I am hungry. Can I have something to eat?

Waiter：Hi, Sneetha. Come, come. This gentleman is working for your company. He knows you. He was working in Delhi. I told him about your love story because I thought he may be able to help you.

Sneetha：[*Recognizing Ari*] Oh, no. Uncle, what did you do! You are embarrassing me.

Waiter：Sneetha, why ? He can help you.

Ari：Actually, I am Ari...

Waiter：[*Shouting*] Accha!!!!!!!!!!!!!

Ari：Sneetha, I am very happy to know that you have come here to meet me and ...

Sneetha：Don't mention anything more! I'm ashamed.

Ari：Let me finish. In India I thought you had a boyfriend. Besides, at that time I had a girlfriend. But now, Sneetha, I have no girlfriend and I happen to know how you feel about me.

スニータ：ハイ、おじさん、お腹がすいた。何か食べるものない？

ウェイター：よお、スニータ、こっちにおいで。この紳士はお前の会社で働いていて、デリー支社で働いていたので、お前のことを知っているそうだよ。力になってくれそうなのでお前のラブストーリーも話したよ。

スニータ：[アリに気づいて] ええ、何てことしてくれたの。どうしよう。

ウェイター：スニータ、なんでいやなんだ？　この青年は力になってくれるぞ。

アリ：あの、実は私がアリで……。

ウェイター：[絶叫] えええええっっっっっ？

アリ：スニータ、会いに来てくれてうれしいよ。それで……。

スニータ：それ以上言わないで！　恥ずかしい。

アリ：いや、言わせてください。インドではスニータには彼氏がいると思っていました。それに私には彼女もいました。でも今は、私には彼女もいないし、スニータが私をどう思っているかわかったので……。

This epilogue is quite filmy, isn't it? When they met in India, they were always arguing and quarrelling with each other. First they were colleagues, then they became friends. And they became sweethearts. Four months after the "filmy" reunion, they got engaged. Soon, they will go to India to meet Sneetha's family. But Ari and Sneetha still quarrel with each other sometimes. To the two of them, quarrelling means love and friendship. Like a film, this story has a happy ending. Another "Love in Tokyo". Sayonara & namaskar to everyone.

　ほんとうに映画のようなエピローグですね。インドでは喧嘩ばかりしていたふたりが、同僚から、友達に、友達から恋人同士に。「映画のような」再会から４カ月後、アリとスニータは婚約しました。もうすぐ、ふたりはスニータの家族に会うためインドへ行くそうです。でも、いまも、アリとスニータはときどき喧嘩しているそうです。ふたりにとって、喧嘩は愛と友情の証なのです。映画のように、このストーリーもハッピーエンドで終わります。懐かしいインド映画『東京での愛』の現代版ですね。では、みなさん、さよなら、ごきげんよう。

Part 3

インド英語表現集

呼びかけ・人名・親族

▶ **... ji** ［ジー］「〜さん」「〜様」。男女問わず用いられるもっともカジュアルな敬称。

   例 Verma ji「バルマ様」、guru ji「先生様」、Gandhi ji ［ガーンディー ジー］「ガンジー 様」、bapu ji ［バープー ジー］「お父さん」

▶ **... sahib** ［サーヒブ］「〜さん」(...ji よりも丁寧)

▶ **Sri/ Shri ...** ［シュリー］「〜さん」。ヒンドゥー教徒男性に対して。

   例 Shri Gupta「グプタさん」

▶ **Srimati/ Shrimati...** ［シュリマティー］「〜さん」。ヒンドゥー教徒女性に対して。

　インド人は親しくなると、親族名称で呼びかけてくる。同世代なら兄弟姉妹、年上なら父母、年下なら息子・娘と呼びかける。たとえば、ヒンディー語なら次のとおり。

▶ **baap** ［バープ］「お父さん」

▶ **bhai** ［バーイー］「兄弟」。男性への呼びかけ。

▶ **bhabi** ［バービー］「兄弟の妻」。友人の妻への呼びかけにも用いる。

▶ **beta/ bete** ［ベーテー］「息子」。親しい若者（男女とも）にも用いる。

▶ **chacha** ［チャーチャー］「おじさん」

▶ **chachi** ［チャーチィー］「おばさん」

▶ **didi** ［ディーディー］「お姉さん」。少し年長の女性に対して用いる。

▶ **mata ji** ［マーター ジー］「お母さん」。その他、ma ［マー], man ［マーン], amma ［アンマー］も女性の年長者に対する呼びかけ語として用いる。

▶ **pita ji** ［ピーター ジー］「お父さん」。年長の男性への呼びかけ。その他 baap ［バープ］とも言う。

▶ **saala** ［サーラ］「妻の兄弟」

▶ **yaar** ［ヤール］「お前」。もとはヒンディー語で、親しい間柄で間頭詞的に用いる。標準的な英語の buddy と意味も用法も似ている。もとは男性同士に使ったが、最近は若い女性も使うようになってきた。

▶ **auntie/ aunty/ uncle** 親しい年長者への呼びかけ。

   例 Uncle ji「おじさん」「兄さん」、Enoki Uncle「エノキおじさん」「エノキ兄さん」

   ＊ これは年長者への親しみの表現なので、子どもに Uncle とか Auntie と呼ばれて怒ってはいけない。

▶ **baba** ［バーバー］「お父さん」。呼びかけ語。

▶ **babu** ［バーブー］「事務員」「旦那」「君（きみ）」。babu は相手を軽く見た言い方なので外国人は使わないほうがよいだろう。

▶ **sir** 「旦那」「先生」。普通名詞化して「先生」の意味で用いられる。

例 Chopra sir will resign next month.「チョープラー先生は来月辞めます」

Sir ji, give me your jeans.「旦那さん、ジーパンくださいな」（sir に敬称 ji がさらに付加されることがある）

▶ **miss** 「（女性の）先生」。呼びかけとして用いる。

例 Sharma Miss「シャルマ先生」

▶ **madam** 「（女性の）先生」「お嬢様」「奥様」。呼びかけ以外に普通名詞的にも用いる。

例 Sharma madam「シャルマ先生」

Madam ji is coming today.「奥様は今日おいでになります」

▶ **Sardar ji** ［サルダール ジー］ひげをはやし、ターバンをするシク教の男性への呼びかけ語。

▶ **nawab sahib**［ナワーブ サーヒブ］「殿様」。ムスリムの名家出身の男性への呼びかけ。

▶ **good name** 「ご尊名」。name の丁寧語。

例 What is your good name?「ご尊名は？」

▶ **co-brother** 「妻の姉妹の夫」「義弟」「義兄」

▶ **cousin brother/ cousin sister** 「いとこ」

インド人の名前

1. インド人の名前には略語を多用する。ファーストネームやミドルネームもイニシャルにして略すことが多い。

例 S.K Verma, S.V.Parasher

2. クリスチャンはクリスチャンネームを用い、ムスリムはムスリムネームを用いる。Parsi（拝火教徒）は職業名（（例）Mistry「職人」、Screwwala「ねじ屋さん」）あるいは出自（Irani）を姓にもつ。ジャイナ教徒には Jain という姓が多い。シク教の男性は Singh, 女性は Kaur という姓をもつ人がほとんど。

3. ヒンドゥー教徒の名前は、神様、王様、王子様を表すものが多く、姓は職業名や出身地にかかわるものが多い。また特定のカーストを表す姓も多い（例 Sharma＝バラモン、Khanna＝バラモン、Gupta＝バイシャ）。

▶ **You do one thing.** 「これをしたらいい」。指示や命令をする前によく言うことば。

▶ **Hello** 「すみません」。excuse me の意味で使える。

▶ **Ho gaya?** ［ホ ガヤ］ ヒンディー語 「終わった？」。北インドで異様に多用される表現。

▶ **Do the needful.** 「必要なことをやってくれたまえ」。古い表現で文章語として使われているが、とっさのときに使うと便利な表現。

▶ **pagal** ［パーガル］ ヒンディー語 「アホな」「狂っている」
　　　　例 He is a total pagal. 「彼はイカレちゃってるよ」

▶ **badmash** ［バドマーシュ］ ヒンディー語 「悪人」「チンピラ」

▶ **tension** 「緊張」「不安」。インド人はやたらと tension という語を用いる。
　　　　例 She has a lot of tension today. 「今日の彼女はナーバスだ」

治安

▶ **lathi-charge** ［ラーティー チャージ］ （動詞）「（警官が民衆を lathi（竹の棍棒）で）殴る」

▶ **bandh** ［バンド］ 「ストライキ」「ゼネスト」「道路閉鎖」

▶ **rasta rook** ［ラースタ ロコ］ 「道路封鎖のストライキ」。「鉄道封鎖のストライキ」は rail rook ［レール ロコ］ と言う。

▶ **hartal** ［ハルタール］ 「店の同盟休業」。イギリス植民地時代、独立闘争の手段として多用され、現在も、労働組合が強いインドではストライキが頻繁におこなわれている。

▶ **goonda** ［グーンダ］ 「悪漢」「ごろつき」

▶ **badmash** ［バドマーシュ］ 「ならず者」「ごろつき」

▶ **dacoit** ［ダコイト］ 「強盗」。ウルドゥー語 daku の英語訛り。

▶ **coolie** ［クーリー］ 「苦力」「クーリー」「日雇い人足」。参考 cooliedom「クーリーの身分」

▶ **goonda** ［グーンダー］ 「ならず者」「やくざ」。参考 goondaism「ならず者を用いた脅迫」

▶ **thug** ［タグ］ 「詐欺師」「だまし屋」「どろぼう」「殺し屋」。［サグ］ と発音すると通じない。

▶ **naxalite** ［ナクサライト］ 「ナクサライト」。武装革命を信奉し、テロや誘拐を繰り返す毛沢東主義の共産主義ゲリラ。農民出身のメンバーが多い。

▶ **jawan** ［ジャワーン］ 「兵隊」。もとはヒンディー語で「若者」。

▶ **commission** 「手数料」。役所等で commission と言ってわいろを要求されることもある。

政治

- **Lok Sabha** ［ローク サバ］「（連邦の）下院」
- **Rajya Sabha** ［ラージャ サバ］「（連邦の）上院」
- **CM** = Chief Minister「州首相」。州首相は州議会によって選出される。
- **Vidhan Sabha** ［ヴィディヤーン サバー］「州議会」。一院制の州がほとんど。
- **governor**「州知事」。儀礼的元首である大統領（President）によって任命される（国政でのナンバーワンは首相（Prime Minister（PM）））。
- **Congress** =Indian National Congress「国民会議派」（政党名）。リベラルで世俗主義を標榜。
- **Bharatiya Janata Party (BJP)**「インド人民党」。ヒンドゥー至上主義政党。
- **Communist Party of India (CPI)**「インド共産党」。インドでは共産党の勢力が強く、いくつかの州（Kerala や West Bengal）では共産党が政権与党。
- **Janata Dal (JD)**「ジャナタ党」「ジャナタ・ダル」。Dal［ダル］は「党」の意味。
- **sangh/ sangham** ［サング / サンガム］「組合」。「川の合流点」（神聖な場所とされる）、「僧」の意味ももつ（日本語の「僧」は sangha の音訳「僧伽」から）。
- **samiti** ［サミティ］「協会」
- **kisan**［キサーン］「農民」。インド国民の大多数は農民なので、農民の利益団体などが多く、その団体名称によく用いられる。
- **samaj** ［サマージ］「社会」
- **CBI**= Central Bureau of Investigation 「中央捜査局」。インド連邦全体の凶悪犯罪の捜査、国家安全保障に関する事件等を取り扱う中央政府の部局。
- **IAS**= Indian Administrative Service「インド高等文官」。国家公務員上級職。その試験は非常に難しいとされる。
- **LoC** = Line of Control. インド側のカシミール（Jammu & Kashmir）とパキスタン側カシミールの国境線。
- **Reservation**「留保制度」。scheduled caste など社会経済的に恵まれない階層の人たちに、大学入学や公務員の一定数の定員を「留保」する制度。
- **communal**「異コミュニティー間の」。インドでは特に Hindu と Muslim の間について用いる。
  - 例 communal riots「ヒンドゥー・ムスリム間の暴動」
    communal tension「ヒンドゥー・ムスリム間の緊張」

▶ **Dalal Street**［ダラール ストリート］「ダラール・ストリート」。インドの Wall Street. インド経済の中心地ムンバイにある。なお、dalal は broker の意味。

▶ **NRI**=Non-Resident Indians「非居住インド人」。外国で社会的経済的に成功した人が多い。最近、母国インドへの投資をおこなう NRI が増えている。

▶ **accent neutralization** インド国内の欧米企業のコールセンターでおこなわれる、発音矯正訓練。

▶ **crore**［カロール］「千万」**/ lakh**［ラーク］「十万」
数字の単位もインド式で、10 万は lakh/ lac（ラーク）、1000 万は crore（カロール）が用いられ、数字の区切りのコンマもこれらの単位に合わせて書かれる（たとえば、1,00,00,000）。

▶ **off-shoring**「外国へ外注すること」

▶ **Reserve Bank of India**「インド準備銀行」。インドの中央銀行。

▶ **Delhi Mumbai Industrial Corridor Project**「デリー・ムンバイ間産業大動脈構想」。日本からの円借款を用いた、デリーとムンバイの間に産業物流用の貨物鉄道を通し、その沿線地域に工業団地や物流基地等のインフラを整備する計画。

▶ **concession**「割引」

▶ **dearness allowance**「インフレ補完手当」。インフレが激しいインドでは昇給がインフレに追いつかない。dearness allowance はその不足分を補う手当。

▶ **Banyan Raj**［バニヤン ラージ］「北インド商人による南インドの経済的支配」。インドの財閥は北インド系がほとんど。もっとも有力なのが Birla, Bajaj, Mittal などの Marwari, その他、Hero や Mahindra などの Punjabi, Reliance などの Gujarati, Tata, Godrej や Wadia などの Parsi の財閥がある。

▶ **Bharat**［バーラト］「インド」。サンスクリット語。形容詞は Bharatya.

▶ **desi**［デーシィー］「インドの」「インド産の」「国産の」。たとえば、desi cuisine「インド料理」、desi music「インド音楽」、desi girls「インド系の女の子」のように用いる。在外南アジア系の人の間では、desi の範囲をインドに限定せず、「南アジア（由来）の」という意味で用いることが多い。語義的には、des/ desh［デーシュ］は「国」を意味し、接尾辞 -i で形容詞化している。

▶ **ABCD** = American-Born Confused Desi「アメリカ生まれの（インドに来て）混乱している同胞」

▶ **swadeshi**［スワデーシー］「自国製の」。swadeshi movement は「国産品愛用運動」の意味で、イギリス製品ボイコットやインドの伝統工法による製品の復興を求めた反英独立運動のスローガン。接頭辞 swa-に「自分の」の意味がある (同様に、swaraj［スワラージ］は「自治」の意味。raj［ラージ］は「統治」の意味)。

生活関連

▶ **mobile**「携帯電話」。cellphone よりも使用頻度が高い。

▶ **parlour**「美容院」

▶ **nai**［ナーイー］「散髪屋」

▶ **boutique**「服店」

▶ **darji/ darzi**［ダルジー］「仕立て屋」

▶ **mosquito net/ machardani**［マッチャルダーニー］「蚊帳」

▶ **mosquito coil**「蚊取り線香」

▶ **mosquito mat**「蚊取りマット」

▶ **blanket/ kumbal**［カンバル］「毛布」

▶ **cot**［カート / コット］「簡易ベッド」。ヒンディー語起源の語。

▶ **charpoy**［チャールパーイ / チャールポーイー］「簡易ベッド」

▶ **almirah/ almali**［アルミラ / アリマーリー］「棚」

▶ **punkah**［パンカー］「扇風機」

▶ **cowdung cake**「牛糞の乾燥させたもの」。田舎では燃料として使っている。素焼きのコップなど、焼物のつなぎとしても用いる。牛糞はあちこちに落ちているので踏まないように気をつけたい。

衣服装飾品

▶ **chappal**［チャッパル］= sandal.

▶ **dhoti**［ドーティー］「腰巻（男性用)」

▶ **kurta**［クルター］「インド式シャツ」

▶ **khadi**［カーディー］「カーディー」。粗い手織綿布の製品。

▶ **kameez**［カミーズ］「裾が長いシャツ」

▶ **salwar**［シャルワール］「ぶかぶかのズボン」。shalwar ともつづる。

▸ **salwar kameez** = punjabi dress = punjabio suit. salwar と kameez のセット。

▸ **shawl** ［シャール］「ショール」。salwar kameez と合わせる。

▸ **sari** ［サーリー］「サリー」

▸ **bangles/ churi/ choori** ［チューリー］「腕輪」

▸ **mala** ［マーラー］ ヒンディー語 「（首にかける）花輪」

▸ **sacred thread**「聖紐」。上位3カースト (Brahmin, Kshatriya, Vaisha) の入門式 (thread ceremony/ Upanayana ［ウパナヤナ］) を終えた男子が左肩から右わきへ掛ける紐。

メディア

▸ **Doordarshan** ［ドゥール ダルシャン］「国営 TV 放送」。DD と略される。

▸ **samachar** ［サマーチャール］「ニュース」

▸ **All India Radio (AIR)**「国営ラジオ」。Akashvani ［アーカシュワニ］とも呼ばれる。

▸ **Bollywood (=Bombay + Hollywood)**「ボリウッド」。masala film 制作の中心。ヒンディー語映画を制作。

▸**masala film**［マサラ フィルム］「娯楽映画」。インドの歌あり、踊りあり、ロマンスあり、アクションあり、コメディーあり、家族愛ありの娯楽映画。ハッピーエンドでないとヒットしないと言われている。masala は「混合スパイス」のこと。

娯楽

▸**filmi** ［フィルミー］「映画の」「映画音楽の」「映画のような」

例 filmi songs「映画の挿入歌」

▸ **megastar**「Bollywood の大スター」

▸ **King Khan**=Bollywood の megastar の Shah Rukh Khan ［シャー ルック カーン］のこと。

▸**BB**=Big Bachchan. Bollywood の megastar の Amitabh Bachchan ［アミターブ バッチャン］のこと。

▸ **item girl** item number に出て歌い踊る女優。

▸ **item number** Bollywood 映画で、女優のセクシーさを強調した、その映画でいちばん派手で扇情的な挿入歌。

▸ **playback singer** Bollywood 映画の挿入歌の歌手。映画で歌い踊っている（はずの）俳優は、クチぱくしているだけ。

職業・地位

▸ **wallah**［ワーラー］「〜 屋」「〜する人」

　例 rickshaw wallah「リキシャ屋」、tonga wallah「タンガー屋」（tonga は「馬車」）

▸ **guru**［グル］「師匠」「先生」

▸ **peon**［ピーオン / ピューン］「（オフィスなどの）雑用係」。ポルトガル語系の語だが、英語でもヒンディー語でも多く用いられる。オフィスなどでは白い服と白いふちなし帽子を身につけていることが多い。

▸ **mali**［マーリー］「庭師」

▸ **bearer**「（家事）使用人」「ボーイ」。多くの在留邦人が雇っている。

▸ **dhobi**［ドービー］「洗濯屋」

▸ **chaukidar**［チョーキダール］「守衛」= watchman. シク教徒やムスリム（イスラーム教徒）が多い。

▸ **darji**［ダルジー］「仕立屋」。仕立て屋のほとんどはムスリム。

▸ **sweeper**「掃除人」。下層カーストの人がほとんど。トイレ掃除をする toilet sweeper がいちばん差別されている。

▸ **hijra**［ヒジュラ］「ヒジュラ」。女装した男。実際に性転換している者もいる。祝い事があると集団で現れ、歌ったり踊ったりして祝い、謝礼を受ける。これは、hijra が幸福や子授けの呪力をもつとされるからだ。謝礼を払わないと、その家の前で嫌がらせで卑猥な言動をして、無理矢理に謝礼を払わせる。道路で物乞いをする者もいる。

▸ **paying guest**「下宿人」。略して PG［ピージー］と言う。

▸ **malik**［マーリク］ ウルドゥー語 「主人」「家主」「首長」「王様」

観光

▶ **hotel** 「レストラン」。特に南インドではレストランの意味で用いる。

▶ **porter/ coolie** [クーリー] 「ポーター」。外国人と見ると法外な料金をふっかけてくる。

▶ **retiring room** 「（駅や空港の）宿泊施設」。インドの主要な鉄道駅には必ずある。比較的安価だが、予約なしではなかなか泊まれない。

▶ **fooding and lodging** 「食事付き宿」。hotel と書いてあっても、宿泊施設がない食堂だったりする。安宿のベッドは南京虫（bug）の温床である。

▶ **cot/ charpoy** [カート / チャールパーイー] 「簡易ベッド」。cot は標準的な英語でも用いられる語だがもとはヒンディー語。charpoy もヒンディー語で原意は「4 本の脚（のベッド）」。

▶ **blanket/ kambal** [カンバル] 「毛布」

▶ **purnima** [プールニマー] サンスクリット語「満月」。purnima の夜の Taj Mahal 観光は最高。

交通

▶ **Inter-city bus** 「市と市をつなぐバス」。町と町の間の移動には、バスのほうが鉄道よりも安くて便数もはるかに多い。

▶ **Inter-state bus** 「州と州をつなぐバス」。州と州の移動には、鉄道よりもバスが便利。

▶ **WT** =a traveler without a ticket.

▶ **auto rickshaw** [オートリキシャ / オートリクショー] オート三輪。auto と省略して言うことが多い。

▶ **auto driver, auto wallah** [オート ワーラー] auto の運転手。wallah「～する人」「～屋」。

▶ **cycle rickshaw** [サイキル・リクシャ] インドの旧市街に行くと、車や auto が通れない細い迷路のような路地がある。そこでは、cycle rickshaw が便利である。これは自転車で引くまさに「人力」車で、料金メーターはなく、料金は交渉次第である。ちなみに rickshaw の語源は日本語の「人力車」。

▶ **rickshaw wallah** [リクシャ ワーラー] cycle rickshaw を運転する人。

▶ **tonga** [トーンガ / ターンガー] 「馬車」。地方都市に行けば、まだ乗ることができる。馬車の御者は tonga wallah [トーンガー ワーラー]。

▶ **speed breaker** 車のスピードの出し過ぎや暴走を抑止するための道路上の盛り上が

り。例 Speed Breaker Ahead「前方にスピードブレーカーあり」

▶ **CNGs**「圧縮天然ガス」=Compressed Natural Gas. 大気汚染がひどいデリーでは、市当局がバスや autorickshaw を CNGs 仕様にするよう通達を出している。

▶ **subway**「地下道」

▶ **flyover**「高架道路」。ここ 10 数年間都市部で増えている。

地名・地図

▶ **PIN**「郵便番号」= postal index number.

▶ **police thana**［ポリース ターナー］「警察署」。thana はヒンディー語で「警察署」。

▶ **city kotwali**［スィティーカートワーリー］「市役所」。kotwali はヒンディー語で「役所」。

▶ **mandi**［マンディー］「市場」

▶ **ganj/ gunge**［ガンジ］「市場」

▶ **bazaar**［バーザール］「市場」

▶ **...bhavan**［バヴァン］「〜ビル」

▶ **...complex**「〜ビル」

▶ **compound**「屋敷」「敷地」「構内」

▶ **marg**［マルグ］「〜通り」。ニューデリーの通り名である Janpath の path は英語から。

▶ **Yatri Nivas**［ヤートリー ニヴァース］「（公営）旅館」

▶ **farmhouse**「金持ちが住む郊外の広大な屋敷」

▶ **bagh**［バーグ］「公園」

▶ **maidan**［マイダーン］「広場」

▶ **bund**［バンド］「堤防」。ポルトガル語から。

▶ **tank**［テェーンク］「貯水池」。ポルトガル語から。

▶ **hauz**［ホーズ］「貯水池」

▶ **Pradesh**［プラデーシュ］「州」=State. インドは 28 の州と 6 つの連邦直轄地域 Union Territories, そして首都圏 National Capital Territory のデリーから構成される。州の下の行政単位としては、Zilla［ズィッラ］（District に相当）, Tahsil［タフスィール］などがある。

イギリス植民地時代の名残を残す地名

▶ **... colony**「～地区」の意味で地名に多用される語。

▶ **cantonment**「旧駐インドイギリス軍の軍営地だった地区」

▶ **hill station**「ヒルステーション」。イギリス植民地時代の酷暑期にイギリス人行政官が避暑した山間のリゾート地。Darjeeling, Ooty など。

結婚

▶ **child marriage**「幼児婚」。ヒンドゥー教では、初潮が始まる前（女子が成熟する前）に結婚させると夫に仕える貞淑な妻になるとされ、古くから幼児婚がおこなわれていた。1955 年に Hindu Marriage Act が制定され、婚姻可能年齢を男子 21 歳、女子 18 歳としたが、この法律を無視して依然として幼児婚をおこなっている地域もある。

▶ **arranged marriage**「お見合結婚」。実際は、お互いに気に入った相手が見つかるまで結婚相手を探し続け、相手をある程度見定めたら、一定の交際期間もあるので、love-cum-arranged marriage「お見合兼恋愛結婚」とも言える（日本のお見合いと似ている）。

▶ **love marriage**「恋愛結婚」=love match.

▶ **Matrimonials**「結婚相手募集欄」。英字新聞の日曜版にある花嫁花婿募集のページ。最近は、ウェブサイトにも Matrimonials のページが多くなった。たとえば、"Shaadi. com"（shaadi は「結婚」の意味のヒンディー語）という結婚相手募集のページもある。そこには花嫁花婿候補のプロフィールなどの情報が記載されている。それぞれの community の頁では caste や subcaste（カーストの下位区分。サブカースト。自己所属コミュニティー）まで紹介している。これは、インドでは異カースト間の結婚 intermarriage を避ける人が多いからである。

▶ **wed**「結婚する」。インドでは marry の代わりによく用いる。

 例 Tanu weds Manu.

▶ **marriage season**「結婚の季節」。10 月から 4 月の期間。

▶ **marriage broker**「結婚紹介業者」。marriage bureau とも言う。

━━ 結婚相手募集欄で多用される語句 ━━

▶ **complexion**「肌の色」。fair「色白」、wheatish「小麦色」、wheatish medium「少し褐色」、wheatish brown「小麦色がかった褐色」、dark「色黒」の順番に色黒になる。インド人の美の基準は肌の白さにあるので、自分の肌の自己申告はどうしても色白になりがちである。

▶ **family values**「家庭の価値観」。インド人の結婚でもっとも大切な要素のひとつ。これが一致しないと美男美女同士でも結婚は難しい。具体的にはtraditional「伝統を重んずる」、moderate「穏健な」、liberal「進歩的な」などがある。

* 結婚相手募集欄での自己紹介で、インド人は自分のことを堂々とhandsome とか beautiful と言ったりする。インドでは素朴で家庭的な性格が美徳とされるので、I want a simple and homely girl. などと書いていることが多い。homely は「家庭的な」の意味。

カースト

▶ **caste/ jati** [ジャーティ] **/ varna** [ヴァルナ]「カースト」

▶ **SC** =Scheduled Caste「指定カースト」。被差別民の婉曲表現。昔は Untouchable「不可触民」と言った。彼らは Scheduled Caste（SC）, Untouchable のほかにも Outcastes, Dalit[ダリト], Achut[アチュート], Avarna[アバルナ]（「カースト外の者」の意）などと呼ばれ差別されてきた（彼らは Dalit と自称する）。トイレ掃除をするカーストがいちばん低い身分とされ、他人が身に着けたものを洗浄する洗濯屋も不浄な仕事とみなされ、多くが scheduled caste に属する。こういった肉体労働や雑用に従事する人たちは、上位カースト（再生族、twice-born とか Forward Castes と言う）出身者が多い教師や学生に安いお金でこき使われるのである。上位カーストの者は、下位カーストの者と一緒に食事をする interdine を不浄だと言って避ける。

▶ **intermarriage/ inter-caste marriage**「異カースト間の結婚」

▶ **gotra** [ゴートラ]「（共通の祖先をもつとされる内婚集団としての）氏族」。同じ gotra に所属する男女は結婚できないとされる。

インド人の価値観がよく出た表現

▶ **cheap and best**「安くて最高の」。インド人は安くていいものが大好き。

▶ **kanjoos**［カンジュース］「ケチ」「吝嗇家」（インド人とケチくらべをしよう！）

▶ **chamcha**［チャムチャ］「おべっか使い」「ゴマスリ野郎」。chamcha はヒンディー語では「スプーン」の意味だが、この語は、chamchagiri［チャムチャギーリー］「スプーンをもって食べさせること→おべっかを使うこと」の短縮形として用いられる。

▶ **ganja**［ガンジャー］「禿」「ずるむけ頭」。洋の東西を問わず、インド人も結構お禿を気にしている。気候が厳しいのでインド人には老化が早く進行する人も多く、若者から中高年まで、脱毛予防剤などを愛用している人が多い。Bollywood のスターなどは植毛や整形をおこなっているとされる。

ヒンディー語などインドの言語の表現を直訳したもの

▶ **close the light**「電気を消す」参考 turn off the light

▶ **open the light**「電気をつける」参考 turn on the light

▶ **take tea**「お茶を飲む」参考 drink tea

▶ **take food**「食事をとる」参考 eat food

インド的創造

▶ **pindrop silence**「しんとした静けさ」。針が落ちるのが聞こえるほど静かということ。

▶ **prepone**「前倒しする」「予定を早める」。postpone から類推。

▶ **timepass**「暇つぶし」「趣味」

　　例 total timepass「まったくの暇つぶし」。total は強め。

▶ **eve teasing**「セクハラ」「痴漢」

▶ **eve teaser**「セクハラ野郎」

▶ **short circuit**「短気」

　　例 He has a short circuit.「彼は短気だ」

▶ **as if**「ありえない」

　　例 "She told me she was going to marry a Maharaja." "As if!"「彼女は王様と結婚するんだって」「ありえない」

簡略化

▶ **chalk piece** = a piece of chalk.
▶ **key bunch** = a bunch of keys.
▶ **pant** = pants.
▶ **trouser** = trousers. インドではズボンのことを bottom とも言う。

古い表現をとどめているもの

▶ **do the needful**「必要なことをする」
▶ **out of station**「出張中」
▶ **expire** = die.

インド的比喩

▶ **kachcha**［カッチャー］「未熟な」「青い」「まだ決まっていない」「洗練されていない」
「家がきちんとした造りでない」
▶ **pukka**［パッカー］「熟した」「決定事項の」「洗練された」「家がきちんとした造りの」
　　例 Ram is still kachcha. It will take years for him to become pukka.「ラムはまだ
　　　未熟だ。彼が一人前になるには何年もかかるだろう」
　　　Priyanka is still kachchi. But she regards herself as pukki.「プリヤンカはまだ
　　　未熟だ。でも自分では大人だと思っている」（ヒンディー語には形容詞が男性
　　　形と女性形と変化するため、kachcha が kachchi, pukka は pukki になっている）

Echo words（似た音のことばを組み合わせた表現）

▶ **car-var** = car.
▶ **chai-shai** = tea.
▶ **chicken-shicken** = chicken.
▶ **dance-vance** = dance.
▶ **eating-veating** = eat.

▶ **meat-veat** = meat.

▶ **talking-shalking** = talk.

▶ **train-vain** = train.

宗教

▶ **mandir**［マンディル］「ヒンドゥー教やジャイナ教の寺院」

▶ **pundit**［パンディット］「学者」。ヒンディー語で「学者」の意味だが、brahmin への
    呼びかけや尊称としても用いる。

    例 Pundit ji, how are you?「バラモン先生、ごきげんよう」

▶ **swami**［スワーミー］ヒンドゥー教の「導師」「修行者」「行者」。

▶ **acharya**［アーチャーリヤ］「高僧」。日本語の「阿闍梨」の語源。

▶ **guru**［グル］「導師」

▶ **ashram**［アーシュラム］「修行道場」

▶ **sadhu**［サードゥー］「苦業者」

▶ **brahmacharya**［ブラフマチャーリヤ］「学生期」。ヒンドゥー教徒の人生の4つの
    段階（ashrama［アーシュラマ］）の第一段階で、入門式（Upanayana［ウパナヤナ］/
    Thread Ceremony）の後、ヴェーダ（Veda）の学習と禁欲に努める時期。

▶ **mosque/ masjid**［マスジッド］「イスラーム寺院」「モスク」

▶ **minar**［ミーナール］「イスラーム式尖塔」

▶ **dargah**［ダルガー］「イスラーム神秘主義聖者（sufi）の廟」。イスラームでは偶像崇拝
    や個人崇拝が禁止されているのだが、dargah は信仰と参拝の対象となっている。

▶ **gurdwara**［グルドゥワラ］「シク教寺院」。正式には gurdwara sis ganj sahib［グル
    ドゥワラ スィース ガンジ サーヒブ］と言う。

▶ **puja**［プージャ］「（特にヒンドゥー教の）お祈り」。女性のヒンドゥー教徒によくある
    名前でもある。

▶ **sandalwood**「白檀」

▶ **incense stick/ agarbatti**［アガルバッティ］「お香」「線香」。sandalwood 製の
    ものが多い。

▶ **mantra**［マントラ］「呪文」「真言」。サンスクリット語。日本語の「真言」はその意訳。

▶ **namaz**［ナマーズ］「イスラームのお祈り」

▶ **ramazan**［ラマザーン］「イスラームの断食月」。イスラーム太陰暦では9月にあたる。

▶ **roza**［ローザー］「断食」。Ramazan 期間中は、日の出から日没まで断食する。

▶ **baksheesh** ［バクシーシ］「施し」「チップ」。喜捨（zakat［ザカート］）はイスラームの五行のひとつ。

▶ **pardah** ［パルダー］「女性隔離の習慣」。本来、pardah はウルドゥー語で「カーテン」を意味する。

▶ **baffalo/ bail** ［バエル］「水牛」。牛と違って労役に使われたり、虐待されていることが多い。Muslim や Christian は水牛の肉を beef と呼び食べている。

医療

▶ **Delhi belly**「インドでの激しい下痢」。インドの医療は世界的にもかなり進んでいる。

▶ **Ayurvedic medicine** ［アユルヴェーディック メディスィン］「アユルヴェーダの薬」「インドに伝わる伝統医療の薬」。Ayurveda［アユルヴェーダ］「アユルヴェーダ」。あやしいが存外に効く。

▶ **Unani** ［ユーナーニ］「イスラーム伝統医療」。ウルドゥー語で「ギリシャの」の意味。ちなみに、Unani の医者を Hakim［ハキーム］と言い、英語の Doctor のように称号的に人名の前に付ける（例 Hakim Ajmal Khan「アジュマール・カーン師」）。

食事

▶ **canteen** 「（大学等の）軽食堂」。学生や教職員が仕事をせずにたむろしている。

▶ **mess** 「（大学等の）食堂」。働いている人を mess boy と言う。

▶ **hotel** 「食堂」。特に南インドでの表現。食堂の場合、宿泊施設はない。

▶ **dhaba** ［ダーバー］「幹線道路沿いの軽食屋」。ガソリンスタンドの横によくある。脂っこいスナックがおいしい（健康にはよくないが）。ぼったくりの店が多いので注意。

▶ **vegetarian/ veg** ［ヴェジ］「非肉食料理」「菜食料理」

▶ **non-vegetarian/ non-veg** ［ノンヴェジ］「非菜食料理」「肉食料理」。インド発着の航空機に乗ると、食事時に "Veg or non-veg?"「菜食料理にしますか肉食料理にしますか?」と尋ねられる。東南アジアでは菜食料理を Hindu meal と呼ぶことがある。

▶ **tiffin carrier/ dubba** ［ダッバー］「インド式弁当箱」。tiffin は「昼食」。直接弁当箱から食べずに、皿（plate/ thali）に移して食べる。金属製なのでストーブにのせると弁当が温まる。Mumbai の弁当配達屋dubba wala は Mumbai 名物。

▶ **thali** ［ターリー］「（鉄製の）皿」「（おかずを数品盛りつけた）定食」

▸ **katori**［カトリー］「鉄の小皿」。カレーを盛りつけ、thali の上に並べる。

▸ **alu-gobhi/ aloo gobhi**［アールー ゴービー］ジャガイモ（aloo）とキャベツ（gobhi）のカレー。

▸ **bringal/ baingan**［ブリンジャル / バェインガン］「なすのカレー」。bringal はポルトガル語起源、baingan はヒンディー語。eggplant は通じにくい。

▸ **bhindi**［ビンディー］「炒ったオクラ」。オクラは ladies' fingers とも言う。

▸ **saag-paneer**［サーグ パニール］「ホウレンソウあるいはカラシの葉とチーズのカレー」。saag は「野菜」の意味。ホウレンソウは palak［パーラク］, カラシは sarson［サルソン］.

▸ **chana**［チャナー］「ひよこ豆のカレー」

▸ **dal**［ダール］「豆スープ」

▸ **curd**［カールド］**/ dahi**［ダヒー］「ヨーグルト」。yoghurt は通じないことが多い。

▸ **raita**［ラーイタ］「サラダ」

▸ **sabji**［サブジー］**/ sabzi**［サブズィー］「野菜（総称）」「野菜カレー」

▸ **roti**［ローティー］「パン（総称）」

▸ **chapati**［チャーパーティー］「チャパティー」。いちばん手軽で安い、薄くて小さい roti.

▸ **poori/ puri**［プーリー］「プーリー」。chapati を油で揚げて膨らませたもの。ひよこ豆（chana）とじゃがいも（aloo）のカレーと食べると最高。

▸ **double roti**［ダバル ローティー］「西洋式食パン」をこう表現することがある。

▸ **naan**［ナーン］「ナン」。精白した小麦粉 ata［アーター］という高級な材料を使い、発酵させて膨らませ、かまど tandoor で焼き、手間も暇もかかるので、インドでは少し高級。インド人が普段食べるパンは chapati.

▸ **paratha**［パラーター］「パラーター」。幾重にも織り込んで焼いたパイ風のパン。

▸ **chutney**［チャトニー］「チャツネ」。薬味、タレとする。南インドのココナッツベースのチャトニーはスナックとの相性がよくて北インドでも人気。

▸ **achar**［アチャール］「アチャール」。油っぽく辛酸っぱい漬け物（pickles）。

▸ **tandoori chicken**［タンドゥーリ チキン］「かまどで焼いたチキン」。タンドゥールはかまどのこと。chicken tandoori とも言う。

▸ **kabab**［カバーブ］「カバーブ」。串（shish）にさして焼いた shish kebab が特に有名。インドの kabab の有名店は、ニューデリーの Khan Market にある Khan Chacha.

▸ **kofta**［コーフタ］「肉団子」

▸ **korma**［コールマ］「肉と野菜の煮込み」

▶ **tikka** ［ティッカー］「焼き物（のカレー）」。通常、食べやすいように細かく切ってある。
　　　例 chicken tikka［チキン ティッカ］「チキンの焼き物」、 paneer tikka［パニール
　　　ティッカ］「チーズの焼き物」。

▶ **pulao** ［プラーオ］「肉と野菜のピラフ」

▶ **biryani** ［ビリヤーニー］「ビリヤーニー」。肉や野菜を使ったスパイシーな炊き込みご飯。
　　　ちょっとぜいたくな料理なので、ハレの日に食べることが多い。

▶ **ghee** ［ギー］「ギー」。牛乳から作ったバター。インド料理に多用される。

▶ **meals** ［ミルス］「南インドの定食」。英語から。meals では roti よりもご飯（rice）が
　　　出る。ご飯はお代わり自由。フィニッシュはご飯にヨーグルト（curd）と塩（ときには
　　　rassam も加える）を混ぜたヨーグルトご飯（curd rice）。

▶ **sambar** ［サンバル］「サンバル」。南インド式豆スープ（豆はほとんど原形をとどめて
　　　いない）。

▶ **rassam** ［ラッサム］/ **pepper water** 「ラッサム」。コショウの効いた野菜スープ（野
　　　菜はほとんど原形をとどめていない）。

▶ **coconut rice** 「ココナッツライス」。少し上等なハレの日に食べるごはん。sambar や
　　　chutney と混ぜて食べると美味しい。

▶ **curd rice** 「ヨーグルトご飯」。ヨーグルトは消化にいいそうで、食事のフィニッシュや、
　　　病気のときに食べる。インド人にとってはお粥やお茶漬けのようなもの。

標準的な英語と少し異なる表現

▶ **vegetable cutlet** 「野菜コロッケ」

▶ **finger chips** 「ポテトフライ」

▶ **groundnut** 「ピーナッツ」［グローンドナット］と発音。peanuts は通じにくい。道端
　　　で炒りながら売っている。

▶ **bringal** 「なす」。eggplant は通じにくい。

▶ **curd** 「ヨーグルト」。ヒンディー語の dahi［ダヒー］もよく用いられる。

南インド式スナック（これらは南インド以外でも人気がある）

▶ **dosa** ［ドーサ］「インド式クレープ」。sambar や chutney と食べる。なかにポテトな
　　　どの具が入っているのを masala dosa と言う。

▶ **idli** ［イドゥリー］「お米のパンケーキ」。sambar や chutney と食べる。

▶ **upma** ［ウプマ］「（豆でできたインド式）おからもどき」。おからのような食感だが、ス
　　　パイスが入っていて辛い。sambar や chutney と食べる。

▶ **idyapan** ［イダッパン］「インド式焼きビーフン」

北インドのスナック
- ▶ **pakora**［パコーラー］「インド式天ぷら」
- ▶ **samosa**［サモーサー］「インド式揚げ餃子」。ポテトなどの具が入っている。
- ▶ **papad**［パパル］「平べったいインド式煎餅」。ご飯やカレーに混ぜて食べる。前菜やアルコール飲料のおつまみとしても出される。

飲み物

- ▶ **bed tea**「目覚めのティー」
- ▶ **chay/ chai**［チャーイ］「チャイ」「ミルクティー」。砂糖とミルクを入れて煮立てるので濃く甘ったるい。
- ▶ **masala chai**［マサラ チャーイ］「香辛料入りのミルクティー」
- ▶ **lassi**［ラッスィー］「ラッシー」。ヨーグルト飲料。
- ▶ **coffee**［カピー］「コーヒー」。南インドではお茶よりもコーヒーを飲む。インドの在来言語には［f］音がないので、［kaːpiː］と発音されることが多い。
- ▶ **Nescafe**「ネスカフェ」。ご存知スイスのブランドネスレのインスタントコーヒーだが、インドでは高級飲料として広く普及し、普通名詞化している。
- ▶ **Limca**［リムカ］「リムカ」。インドのコカコーラが販売しているレモン味の炭酸飲料。ビンでもペットボトルでも売っている。インドの暑さとのたたかいに必須の飲み物。

お酒

- ▶ **bar and restaurant**「お酒のでるレストラン」。昼間は開店していない店も多い。インドでは人前でおおっぴらに酒を飲まず、酒を飲むときはこっそりと飲む。昼間から飲むことはほとんどなく、特に女性が人前でお酒を飲むことはタブーとされている。女性がバーに行ったら、いちばん奥のカーテンで仕切られた部屋に通されることもある。
- ▶ **wine bar**「酒屋」。こぢんまりと申しわけなさそうに営業している。酒を買ったら中の酒が見えないように茶色の紙袋に入れてくれる。
- ▶ **permit room**「飲酒許可店」。dry state でお酒が飲める高級ホテルなどにあるバー。
- ▶ **dry state**「禁酒州」

▶ **dry day**「法定禁酒日」。この日、酒屋は閉まってしまう。飲酒を忌避する文化的宗教的な理由以外に、政治的な理由でも dry day は実施される。たとえば、選挙や祭りの前など、当局が dry day を定めることがある。おそらく、飲酒による乱暴狼藉や困乱を避けるためであろう。

▶ **toddy**［トディー］「トディー」。南インドの田舎のヤシの汁を発酵させたインド式地酒。toddy shop で手に入る。

▶ **chota peg**［チョーター ペグ］「少量のウィスキー」

たばこ

▶ **paan**［パーン］「パーン」。香辛料とペーストをキンマの葉で包んだ嗜好品で、噛むと唾液が赤くなる。paan shop「パーン屋」、paan wallah「パーン屋さん」。

▶ **beedi**［ビーリー］「（安価で簡易な）葉巻たばこ」「ビーリー」。固有名詞・普通名詞の両方で用いる。庶民の嗜好品。

▶ **cigarette/ tambaku**［タンバークー］「西洋式たばこ」。箱買いする人は少なく、1本ずつばら売りで買う。

教育

▶ **UGC**=University Grants Commission「大学補助金委員会」。インドの大学の設置認可と補助金交付を決定する機関。人的資源開発省（日本の文部科学省に相当）の傘下。

▶ **research scholar**「研究課程の大学院生」。M.Phil. 課程や Ph.D. 課程の研究を中心とする大学院生の呼称。

▶ **Central School**「中央学校」。Kendriya Vidyalaya とも。中央政府に勤める公務員の子弟のための学校。中央政府の公務員がインドのどこに転勤しても、その子弟が同質の教育を受けられるよう中央政府によって設置された。教授言語は英語とヒンディー語で、カリキュラムや修了試験は CBSE（Central Board of Secondary Education）という機関が策定・実施している。

▶ **Public School**「エリート私立学校」。英語を教授言語とする学校が多い。イギリスの Public School をモデルとしている。伝統校にはキリスト教のミッショナリーが設置した学校が多く、100 年以上の歴史をもつ名門校もある。

▶ **topper**「成績トップの生徒」

▶ **government school**「州立学校」。州政府によって管理・運営されている。教授言語は州の公用語である場合がほとんど。教育の質は高くない。

▶ **cut classes**「授業をさぼる」

▶ **rubber**「消しゴム」。eraser はあまり通じない。

▶ **boarding school**「寄宿制学校」。Public School と呼ばれる私立のエリート校に多い。

▶ **university/ college**「大学」。学士課程が中心の大学は college と呼ばれ、その多くが学位授与権をもたず、大学 university と試験やカリキュラムの面で提携している（それを affiliated college と呼ぶ）。研究所 institute には university と同等に学位を授与できる deemed university もある。大学名には、サンスクリット語の Vidyarthi, あるいはアラビア語・ペルシャ語の jamia も用いられる。

▶ **junior college** 第 11 学年と 12 学年の課程を提供する学校。＋2［プラス トゥー］とも呼ばれる。理系と文系に分かれ、一般科目に加えて簡単な専門科目を学び始め、また、大学教育に備えての study skills を学習するなど大学予科に相当する。独立校もあるが、大学付属の大学予科的な junior college も多い。

▶ **high school** インドでの high school は概ね第 9 学年と 10 学年の課程を指す。

▶ **ragging** = the torment of freshmen by senior students「上級生による新入生いじめ」。学生寮などでおこなわれる。裸にされたり、性的な辱めを受けたりして、自殺する学生もいて社会問題になっている。Bollywood 映画 *3 Idiots*（2009）にも ragging のシーンがある。*Munna Bhai M.B.B.S*（2003）では、ギャングの親玉が医学部に入学し「逆」ragging をするシーンもある。

▶ **staff quarters**「職員住宅」。インドでは公舎や官舎を quarters と言う。

▶ **gymkhana**［ジムカーナー］「体育館」

インドの有名大学

　インドの有名大学には MIT をモデルにしたインド最高の理工系大学 IIT（Indian Institutes of Technology）、アメリカのビジネススクールを参考に設立された IIM（Indian Institutes of Management）などがある（インド各地に分校があるので Institute**s** と複数形にする）。なお、インドの有名大学は略語で通称されることが多い（BHU = Banaras Hindu University, JNU = Jawaharlal Nehru University, CIEFL = Central Institute of English and Foreign Languages）。国土が広いため通信教育も盛んで、多くの人が通信教育で再教育を受けたり上級学位を取得したりしている。インドでもっとも多くの受講生が学ぶ通信制大学は IGNOP（Indira Gandhi National Open University）である。

インド英語のリスニング〈新装版〉

2023年1月31日　初版発行

著者
榎木薗 鉄也（えのきぞの・てつや）
©Tetsuya Enokizono, 2023

発行者
吉田 尚志

発行所
株式会社　研 究 社

〒102-8152　東京都千代田区富士見2-11-3
電話　営業（03）3288-7777（代）　　編集（03）3288-7711（代）
振替　00150-9-26710
https://www.kenkyusha.co.jp/

印刷所
図書印刷株式会社

装丁・デザイン・DTP
株式会社イオック（目崎智子）

音声吹き込み
Dominic Allen　　Manish Bajaj　　Meenoo Joshi
Atul Rawat　　　Anu Taneja　　　Mathew Varghese
榎木薗 鉄也　　　濱倉 直子

協力
株式会社ビーコス

カバー写真
Adobe Stock

KENKYUSHA
〈検印省略〉

ISBN978-4-327-43102-0　C2082　Printed in Japan